Diplomaties plurielles

Champs et perspectives

Cet ouvrage est le 52e de la

Collection Local & Global

Dirigée par Gilles Rouet & François Soulages

et le 41e publié dans le cadre de la Chaire Jean Monnet *ad personam* « Identités et Cultures en Europe »,

Chaire Jean Monnet
Ad personam
Identités et Cultures en Europe

dont 30 dans cette collection :

Migrations, Mobilités, Frontières et Voisinages, M. Roštekovà & S. Dufoulon (dir.)
Citoyennetés et Nationalités en Europe, articulations et pratiques, G. Rouet (dir.)
Nations, cultures et entreprises en Europe, G. Rouet (dir.)
Productions et perceptions des créations culturelles, H. Bálintová & J. Palková (dir.)
La photographie : mythe global et usage local, I. Ditchev & G. Rouet (dir.)
Usages de l'Internet, éducation & culture, G. Rouet (dir.)
Usages politiques des nouveaux médias, G. Rouet (dir.)
Participations et citoyennetés depuis le Printemps arabe, A. Galabov, J. Sayah (dir.)
Internet ou la boîte à usages, S. Dufoulon (dir.)
Europe partagée, Europe des partages, S. Dufoulon & G. Rouet (dir.)
Frontières géoculturelles & géopolitiques, G. Rouet & F. Soulages (dir.)
Quelles frontières pour quels usages ?, G. Rouet (dir.)
e-Citoyenneté, A. Krasteva (dir.)
Médias et sociétés interculturelles, M. Klus & G. Rouet (dir.)
Arts et espaces publics, M. Veyrat (dir.)
Mobilisations citoyennes dans l'espace public, G. Rouet (dir.)
Esthétiques de l'espace public, S. Dufoulon & J. Lolive (dir.)
Identités et espaces publics européens, R. Gura & N. Styczyńska (dir.)
Esthétiques de la ville : équipements et usages, T. Côme & G. Rouet (dir.)
Migrations en blanc. Médecins d'est en ouest, A. Krasteva & D. Vasilcu (dir.)
Intégration et voisinages européens, R. Gura & G. Rouet (dir.)
Services publics, entreprises publiques, quelle place pour les citoyens ?, A. Galabov & G. Rouet
La rue et l'e-rue. Nouvelles contestations citoyennes, P. Gueorguieva & A. Krasteva (dir.)
Innovations managériales : enjeux et perspectives, T. Côme & G. Rouet (dir.)
Penser et construire l'Europe, B. Bogdanov
Éducation et dialogue interculturel, Ľ. Hajduk & M. Klus (dir.)
Les citoyens et l'intégration européenne, R. Gura & G. Rouet (dir.)
Les entreprises et l'intégration européenne, S. Raytcheva & G. Rouet (dir.)
Identités, démocraties, frontières, G. Rouet & M. Stoicheva (dir.)

Autres titres de la collection en fin de volume

Diplomaties plurielles

Champs et perspectives

Cet ouvrage est le 52e de la

Collection Local & Global

Dirigée par Gilles Rouet & François Soulages

et le 41e publié dans le cadre de la Chaire Jean Monnet *ad personam* « Identités et Cultures en Europe »,

Chaire Jean Monnet
Ad personam
Identités et Cultures en Europe

dont 30 dans cette collection :

Migrations, Mobilités, Frontières et Voisinages, M. Roštecká & S. Dufoulon (dir.)
Citoyennetés et Nationalités en Europe, articulations et pratiques, G. Rouet (dir.)
Nations, cultures et entreprises en Europe, G. Rouet (dir.)
Productions et perceptions des créations culturelles, H. Bálintová & J. Palková (dir.)
La photographie : mythe global et usage local, I. Ditchev & G. Rouet (dir.)
Usages de l'Internet, éducation & culture, G. Rouet (dir.)
Usages politiques des nouveaux médias, G. Rouet (dir.)
Participations et citoyennetés depuis le Printemps arabe, A. Galabov, J. Sayah (dir.)
Internet ou la boîte à usages, S. Dufoulon (dir.)
Europe partagée, Europe des partages, S. Dufoulon & G. Rouet (dir.)
Frontières géoculturelles & géopolitiques, G. Rouet & F. Soulages (dir.)
Quelles frontières pour quels usages ?, G. Rouet (dir.)
e-Citoyenneté, A. Krasteva (dir.)
Médias et sociétés interculturelles, M. Klus & G. Rouet (dir.)
Arts et espaces publics, M. Veyrat (dir.)
Mobilisations citoyennes dans l'espace public, G. Rouet (dir.)
Esthétiques de l'espace public, S. Dufoulon & J. Lolive (dir.)
Identités et espaces publics européens, R. Gura & N. Styczyńska (dir.)
Esthétiques de la ville : équipements et usages, T. Côme & G. Rouet (dir.)
Migrations en blanc. Médecins d'est en ouest, A. Krasteva & D. Vasilcu (dir.)
Intégration et voisinages européens, R. Gura & G. Rouet (dir.)
Services publics, entreprises publiques, quelle place pour les citoyens ?, A. Galabov & G. Rouet
La rue et l'e-rue. Nouvelles contestations citoyennes, P. Gueorguieva & A. Krasteva (dir.)
Innovations managériales : enjeux et perspectives, T. Côme & G. Rouet (dir.)
Penser et construire l'Europe, B. Bogdanov
Éducation et dialogue interculturel, Ľ. Hajduk & M. Klus (dir.)
Les citoyens et l'intégration européenne, R. Gura & G. Rouet (dir.)
Les entreprises et l'intégration européenne, S. Raytcheva & G. Rouet (dir.)
Identités, démocraties, frontières, G. Rouet & M. Stoicheva (dir.)

Autres titres de la collection en fin de volume

Sous la direction de
Mourad Attarça & Peter Terem

Diplomaties plurielles

Champs et perspectives

Préface de Christophe Léonzi

L'Harmattan

Volume issu du colloque « Diplomaties plurielles » organisé par
Faculté des sciences politiques et des relations internationales & Faculté d'économie, Université Matej Bel, Banská Bystrica
Europanova, *Action pour une Europe politique*
Nouvelle Université Bulgare, *Laboratoire de recherche sur les politiques publiques*
Universitatea « Alexandru Ioan Cuza » din Iaşi, *Centre for European Studies*
Université de Versailles St-Quentin-en-Yvelines,
Institut Supérieur de Management– IAE – LAREQUOI
Chaire Jean Monnet *ad personam* « Identités et cultures en Europe »
Institut Universitaire Franco-Slovaque
Institut Français de Slovaquie – Ambassade de France en Slovaquie

Kniha je publikovaná v rámci výskumného projektu VEGA č. 1/0949/17 „Koncept mäkkej moci v kontexte transformujúceho sa medzinárodného prostredia a potenciál jeho využitia pre stratégie malých štátov“.

5-7, rue de l'Ecole-Polytechnique, 75005 Paris
http://www.editions-harmattan.fr
ISSN : 2257-3690
ISBN : 978-2-343-17473-0
EAN : 9782343174730

Préface

Bâtir une diplomatie européenne dans un monde globalisé

S.E.M. Christophe Léonzi
Ambassadeur de France en Slovaquie[1]

La globalisation se caractérise par une interdépendance accrue et une accélération générale des processus internationaux. Elle est également marquée par un affaiblissement relatif des acteurs traditionnels de la politique internationale que sont les États, et par la montée en puissance de nombreuses autres sources d'influences hétérogènes. Cela provoque une dispersion géographique et « fonctionnelle » de la puissance qui tend vers la mise en place d'un système mondial « liquide » et « zéro polaire ».

Elle façonne un monde de court terme, où la gestion des crises et de l'urgence devient une fonction centrale et une priorité pour les diplomaties. Les risques et les menaces y sont sans doute plus importants, mais les opportunités aussi.

Dans ce contexte, la relance de l'UE, puissance de régulation et lieu de gestion de la complexité, est notre priorité centrale : le discours du Président Macron à La Sorbonne apporte une vision, une impulsion et de nombreux projets concrets en vue de la refondation de notre Union.

---

[1] Intervention d'ouverture du colloque *Diplomaties plurielles*, Banska Bystrica le 25 octobre 2017, disponible en vidéo sur Facebook, <https://www.facebook.com/fpvamv/videos/1468225963273116/>.

La diplomatie française a quatre priorités : assurer la paix et la sécurité et renforcer les instances multilatérales ; préserver la planète au sens large et les biens publics mondiaux, objectif vital pour les Européens en particulier, mais qui ne l'est paradoxalement pas pour tout le monde ; relancer avec un effort de refondation ambitieuse l'Union européenne, fer de lance multilatéral ; enfin, veiller à l'attractivité culturelle, universitaire, scientifique, à la promotion des valeurs, des intérêts économiques et des règles de droit, y compris pour assurer une concurrence juste.

Les modalités de la diplomatie globale ont évolué. Le diplomate ou l'ambassadeur reste un chef d'orchestre, un organisateur qui rassemble et met en cohérence les stratégies d'influence, en coopération avec d'autres États, bien sûr, mais aussi en tenant compte de l'action de nouveaux acteurs liés aux ONG ou aux sociétés civiles. Le *soft power* est désormais extrêmement important : il faut s'appuyer sur les entreprises, les associations, les villes, les collectivités territoriales, sur des acteurs non étatiques, et il convient également de tenir le plus grand compte des opinions et des enjeux de communication à travers les réseaux sociaux.

Voilà aussi pourquoi, par exemple, depuis des années, la France agit dans le champ culturel et intellectuel sur les questions des droits d'auteur, de la propriété intellectuelle, et de la création, autant d'enjeux majeurs pour conserver une influence européenne dans le monde.

Dans ce contexte, et je dis cela dans cette université de Matej Bel, face à des étudiants experts des relations internationales ou des affaires européennes, de nouvelles formations doivent être mises en place pour préparer les acteurs de cette diplomatie globale. La diplomatie a besoin d'un spectre de compétences accru. Classiquement, il faut des juristes, des linguistes, des économistes, des experts en relations internationales, mais aussi, désormais, des professionnels du management d'équipe, car il s'agit bien de faire travailler ensemble des personnes provenant de mondes différents. La diplomatie a également davantage besoin de compétences scientifiques, par exemple pour les questions climatiques, d'experts, de logisticiens, et aussi de philosophes et de spécialistes des questions culturelles, religieuses. Il s'agit ensuite de mettre en cohérence ces compétences très larges pour répondre à un ensemble d'enjeux extrêmement vaste.

Ainsi, même si la globalisation peut parfois sembler nous dépasser, il ne faut pas se laisser impressionner, mais saisir les opportunités nombreuses qu'elle offre. L'optimisme reste de rigueur : l'Union européenne possède des ressources considérables et nous ne sommes pas toujours conscients du potentiel dont nous disposons, pour nous-mêmes et pour les autres. Nous devons bâtir la diplomatie européenne comme acteur de la régulation et de la gestion multilatérale du complexe, dans un contexte de diplomatie globale et plurielle impliquant de nombreux acteurs.

Nous devons, par exemple, puisque le sujet a été débattu dans ce forum, tenir compte de l'évolution de la diplomatie parlementaire[2]. Dans le contexte de la défense de l'État de droit, et dans la promotion de la démocratie libérale, face aux pouvoirs autoritaires, la diplomatie parlementaire peut être d'un précieux secours et d'un conseil très utile dans de nombreux pays pour résoudre des problématiques constitutionnelles, fédérales ou relatives à la gestion des relations entre la majorité et la minorité.

Il en est ainsi de la mise en place des institutions entre capitale et périphérie dans des situations de consolidation ou de mise en place d'un État (*State building*) (Balkans, Irak, Syrie, Mali, etc.). Dans ce genre de situations, il a été, est ou sera donc utile de pouvoir s'appuyer sur les compétences parlementaires (Sénat en l'espèce) dans la gestion, la réforme ou la mise en place des institutions de type fédéral. Il en va de même pour la difficile problématique institutionnelle en Ukraine.

Les parlements jouent également un rôle essentiel pour le contrôle démocratique et la défense des droits des citoyens, qui est leur « raison d'être ». Cela peut parfois aussi retarder la prise de décision, comme dans le cas de la mise en place d'un registre des passagers pour renforcer la sécurité des vols en Europe qui a

---

[2] Cf. Gura, R. & Rouet, G. (dir.), *Diplomatie plurielle : acteurs et enjeux*, Paris, L'Harmattan, 2018.

été à l'origine d'importants et longs débats avec le parlement européen. Le poids et la compétence de nos parlements sont les meilleures garanties démocratiques, mais il est aussi important de veiller à la réactivité de nos démocraties face à l'accélération du monde, ce qui doit nous conduire à chercher à concilier la qualité démocratique et l'efficacité du processus de décision. Là aussi, la compétence des diplomates est requise, au sein des administrations parlementaires dans ou dans les débats parlementaires.

Mon propos sur la diplomatie européenne est celui d'un praticien confronté aux questions européennes depuis une trentaine d'années, et à différents points de vue. Cette diplomatie est plus indispensable que jamais parce que l'Union européenne reste l'institution de référence en matière de régulation, de stabilité, de diffusion de normes, mais aussi un format régional qui concilie efficacité et gestion démocratique de la complexité multilatérale à 28.

L'Union européenne aujourd'hui est la première puissance économique et la première puissance commerciale. En 2030, elle sera encore parmi les cinq premières puissances économiques mondiales, alors que les États qui la composent auront disparu de ce classement. Il est extrêmement important d'avoir à l'esprit cette réalité, dans le contexte de la montée des populismes et de l'euroscepticisme : prenons garde aux illusions des voies nationales et des souverainetés creuses qui n'en ont plus que l'apparence. Rappelons-nous que nous avons connu de telles illusions et régressions identitaires au cours de notre histoire et qu'elles ont provoqué les pires tragédies pour notre continent. Il faut voir les choses en face : seule l'Union européenne unie peut et pourra se comparer à la Chine, aux États-Unis, à l'Inde, mais pas la France, pas le Royaume-Uni, ni l'Allemagne.

La diplomatie européenne consiste d'abord à approfondir et à partager les compétences et les connaissances sur les politiques intérieures et les questions touchant à l'intimité des États membres. C'est une des difficultés de la politique européenne, qui doit, pour faire face aux enjeux globaux, coordonner ou intégrer des champs de compétences qui sont de plus en plus « intimes » et connexes au champ de la politique intérieure

(défense, migration, social ou éducation). Il est donc devenu de plus en plus impropre de parler de diplomatie et nous devrions parler dans de nombreux cas de politique intérieure européenne.

À cet égard, dans son discours à La Sorbonne, le Président Macron évoque le concept de souveraineté européenne dans la globalisation, qui consiste à mettre en place un véritable continuum de compétence et d'efficacité, et donc une confiance partagée, une solidarité entre les autorités des États membres et celles de l'Union européenne.

La diplomatie européenne reste toutefois un exercice difficile et ne répond pas aux règles de fonctionnement traditionnelles de la politique étrangère. Cette diplomatie est aussi, pour beaucoup, une « diplomatie dans la diplomatie » : il faut, à 28, compte tenu de la règle de l'unanimité qui prévaut encore largement en matière de politique étrangère, dépenser beaucoup plus d'énergie pour s'entendre, discuter, nouer des alliances et obtenir un consensus.

La règle de l'unanimité en matière de politique étrangère, que la France et l'Allemagne ont essayé de limiter ou d'encadrer, a en effet des impacts très importants sur l'efficacité de la décision.

Au sein de l'UE, les difficultés et les risques de blocage à 28 sont permanents, parfois démotivants, et représentent une perte considérable d'énergie et d'efficacité dans la gestion des processus internes. Ces difficultés et ces lenteurs peuvent devenir des handicaps graves dans un monde liquide, toujours plus rapide et sujet à des crises fréquentes, si ce n'est constantes.

Un autre aspect important de ce processus de décision à l'unanimité : à 28, nous sommes davantage exposés à des prises d'influence de partenaires et de tiers, plus ou moins bien intentionnés. Nos partenaires internationaux, notamment chinois, russes, américains, mais aussi des acteurs économiques, peuvent chercher à travers un État membre à introduire des divisions internes visant à ralentir ou paralyser le processus de décision de l'UE, selon le principe *divide ut regnas*.

Pour faire face à ces difficultés de fonctionnement de plus en plus rédhibitoires dans ce monde globalisé, et au-delà des réflexions pour encadrer la règle de l'unanimité, le sommet de Lisbonne a introduit une importante réforme avec la mise en place d'un service diplomatique européen : le Service européen pour l'action extérieure (SEAE).

La création du Service européen pour l'action extérieure dote l'Union européenne de moyens unifiés en centrale, à Bruxelles, et d'un réseau diplomatique d'ambassades ou de délégations dans le monde. Ce service s'associe à des fonctionnaires européens du Conseil et de la Commission, mais aussi à des diplomates des États membres, afin de contribuer à l'émergence progressive d'une même culture diplomatique européenne.

Ce SEAE apporte trois avancées majeures : il permet de développer une vraie stratégie d'ensemble articulée, cohérente, proche du terrain, opérationnelle ; une véritable capacité d'anticipation, d'analyse, de réflexion, y compris en s'appuyant sur des think tanks, et enfin une planification et une chaîne de commandement pour préparer et piloter les opérations extérieures, incluant la mise en place d'un État-major européen. Il s'agit en particulier de pouvoir agir face à des situations de crise de façon réactive et opérationnelle, de mettre en place des moyens, de faciliter la génération de forces, etc.

Il reste vrai qu'en matière de défense et de sécurité, la vision européenne a encore insuffisamment évolué ; toutefois des progrès considérables ont été obtenus, sous l'impulsion de la France, avec le crucial débat sur le principe d'autonomie stratégique de l'UE. Cela signifie notamment qu'un travail important est en cours pour renforcer l'industrie et les technologies de pointe européennes dans ce domaine, mais aussi pour développer notre capacité à intervenir dans des crises sur des théâtres extérieurs.

Les exemples de la crise de la région du Sahel et de la crise migratoire survenue à partir de 2014-2015, avec le pic très déstabilisant qu'a connu la région des Balkans, ont illustré la montée des menaces et la nécessité pour l'Union européenne de développer son autonomie et ses capacités d'action. Ces crises ont aussi révélé les faiblesses et les limites de l'Union européenne : manque d'anticipation, divisions politiques, réactivité insuffisante, difficulté de coordination des différents instruments et des différentes instances de décision, si bien que c'est sur l'initiative d'un ou plusieurs États membres (France,

Allemagne, etc.) suivis ensuite par l'Union qu'a reposée la réponse à la crise dans l'urgence.

L'Union européenne a réagi et pris des mesures et a désormais des moyens de faire face à une crise. Elle dispose même pour cela d'un large spectre d'instruments, adapté à des enjeux hybrides (moyens diplomatiques, économiques, commerciaux, militaires et civils, de police, de coopération, migratoires, etc.) Dans cette perspective, il est essentiel de mieux coordonner les différents moyens, notamment parce que toute politique européenne interne possède une dimension externe, comme dans le cas de la politique agricole commune ou de la politique énergétique.

Le SEAE doit donc s'efforcer de coordonner l'ensemble des acteurs européens, en particulier pour éviter le phénomène de « silo » thématique. Il faut, pour cela, dépasser les cloisons existantes. L'un des grands atouts de l'Union européenne, sa plus-value, réside en effet dans la diversité de la large gamme des moyens qu'elle peut utiliser pour la gestion des crises.

L'accent est aujourd'hui placé sur la sécurité et la stabilité du voisinage européen.

L'Union européenne s'inscrit également dans une démarche de gouvernance globale et multilatérale. Par exemple, sur les questions climatiques, et compte tenu du positionnement regrettable pris par les États-Unis, l'Union européenne doit s'engager encore davantage pour traverser cette période difficile que l'on espère transitoire, en s'appuyant bien sûr sur d'autres États, sur les entreprises, les sociétés civiles et sur les collectivités territoriales dans le cadre d'une large alliance pour le climat qu'il faut maintenir et consolider.

Le renforcement des Nations unies et du multilatéralisme enfin est primordial. L'Union européenne, par son ampleur et sa cohérence, a des capacités pour entretenir et soutenir les efforts de gestion du monde par le multilatéralisme. Face aux menaces, la réponse à formuler est rarement évidente et mobilise du temps et de l'énergie. Même s'il peut être générateur de frustrations, le dialogue multilatéral reste la meilleure façon de gérer les crises auxquelles nous sommes confrontés. La coopération entre ensembles régionaux est également clé : nous travaillons par exemple avec l'Union africaine, avec l'ASEAN, ou encore avec le Mercosur.

La coopération et le développement sont également très importants et l'Europe est de loin le continent le plus engagé dans ce domaine.

Enfin, la vision promue par la France est qu'une diplomatie, aussi intelligente et bienveillante soit-elle, n'est pas crédible sans arme. C'est la raison pour laquelle nous mettons depuis longtemps l'accent sur la défense européenne, qui doit atteindre une véritable autonomie stratégique, à travers ses moyens de planification, sa chaîne de commandement, ses capacités d'action, mais aussi son industrie et sa technologie. La défense européenne se développe naturellement dans une étroite coopération et complémentarité avec l'OTAN et avec les Nations Unies, afin de contribuer à la paix et à la sécurité internationale.

Introduction

Nouveaux enjeux, nouvelles diplomaties

Mourad Attarça & Peter Terem

Dans un monde globalisé et complexe, la notion de diplomatie recouvre désormais des réalités et des pratiques relativement éloignées de sa conception originelle qui est : « *the application of intelligence and tact to the conduct of official relations between the governments of independent states, extending sometimes also to their relations with vassal states* »[3]. La diplomatie porte désormais sur des champs de négociation beaucoup plus larges et diversifiés, bien au-delà des domaines régaliens traditionnels : l'économique et le commercial bien sûr, le culturel, l'environnemental, etc. Cette nouvelle diplomatie publique (Tuch, 1990) se caractérise par une interdépendance des enjeux, mais aussi par une variété des temporalités et des logiques qui la rendent d'autant plus complexe. Au sein de l'Union européenne, les États membres, candidats ou partenaires ont développé des activités diplomatiques impliquant la plupart des services gouvernementaux pendant qu'une grande partie du contenu de la diplomatie économique, en direction des pays tiers, a été transférée aux services communautaires (politique commerciale, politique des transports, contrôle de la concurrence, pour certains États politique monétaire).

---

[3] *Guide to Diplomatic Practice*, Londres, Longmans, Green and Co, 1917, p. 1, cité par Badel & Jeannesson (2014, p. 10).

Avec le libre-échange, en particulier à l'intérieur de l'Union européenne, par exemple, et les politiques de dérégulation, beaucoup d'États ont perdu une partie de leurs moyens d'action diplomatiques, mais aussi douaniers ou encore des mesures de rétorsion unilatérales, interdites par les mécanismes de règlement multilatéral des conflits de l'OMC. La *diplomatie économique* a beaucoup évolué : l'autorité internationale s'est en partie déplacée et de nouveaux centres de décision de la diplomatie économique sont apparus avec des organisations supranationales (FMI, OMC) ou des instances de concertation (G7).

Dans le même temps, les liens entre les entreprises et les États se sont distendus, les États restant centrés, ce qui est logique, sur des dimensions nationales (y compris au sein de l'Union européenne), et les entreprises évoluant dans un cadre mondial, au point où le transnational peut induire des positionnements stratégiques presque « a-nationaux ». En effet, la nationalité des entreprises, dans le sens en particulier de la défense des intérêts nationaux par les entreprises, est de plus difficile à identifier (Rouet, 2012). Des structures de groupes, des réseaux d'influence, des systèmes d'alliance s'affranchissent des frontières et des nationalités ; ils ne s'inscrivent pas dans le cadre juridique, fiscal diplomatique et économique d'un seul État, voire échappent ou tentent d'échapper à tout État. Les marchés sont interconnectés mondialement, les flux sont transfrontaliers, les masses monétaires sont en partie émises hors des États concernés.

Les nouvelles diplomaties se caractérisent donc par le rôle de plus en plus important joué par des acteurs privés, que ce soient par les ONG (Organisations Non Gouvernementales, on pense notamment aux négociations sur les politiques environnementales ou humanitaires), par les organisations professionnelles (par exemple dans les négociations de normalisation) ou encore, directement, par les firmes multinationales. Les États s'appuient ainsi de plus en plus sur leurs entreprises nationales dans leurs négociations internationales (Organisation des Nations Unies, Organisation

Mondiale du Commerce, Union européenne, etc.) et en font également un vecteur de leur *soft power* (Nye, 1990).

Les États restent évidemment des acteurs essentiels d'une diplomatie économique d'autant plus intensifiée que l'économie est désormais multipolaire, dans un contexte d'ouverture et de globalisation des marchés. L'économie est ainsi devenue une préoccupation centrale des activités diplomatiques qui ne se limitent plus à la recherche de débouchés ou à la mise en œuvre de stratégies d'exportation et d'investissement. Il ne s'agit plus de systématiser la participation de chefs d'entreprise à des visites à l'étranger de chefs d'État et de gouvernement, dont l'efficacité devrait d'ailleurs être relativisée, mais bien de constater l'intégration de l'économique au diplomatique : l'économie n'est plus un accessoire de la diplomatie politique, mais est devenue un objet de diplomatie, comme d'ailleurs le culturel ou le sport.

Le multilatéralisme est devenu un cadre ordinaire des relations internationales, en particulier en matière économique, ce qui implique des méthodes nouvelles et l'implication d'autres acteurs que ceux des services diplomatiques. Il est à ce point significatif qu'un pays comme le Danemark aient jugé utile de créer un poste d'ambassadeur auprès des GAFA[4]. D'aucuns considèrent ces multinationales comme autant de « nouvelles nations » pouvant peser, de par leurs poids économiques et leurs puissances financières, sur le cours des négociations diplomatiques internationales, qu'elles soient bilatérales ou multilatérales. Les récentes controverses autour des conditions d'exercice des firmes chinoises (Huawei, ZTE) aux États-Unis, ou autour des mesures au sein de l'Union européenne visant à lutter contre les pratiques d'optimisation fiscales des multinationales américaines (Google, Starbucks, Amazon, etc.) montrent à quel point les enjeux de diplomatie politique sont intimement liés aux enjeux de diplomatie économique ou commerciale.

[4] Le gouvernement danois a annoncé en 2017 la nomination d'un ambassadeur numérique auprès des multinationales de la Silicon Valley (Google, Apple, Facebook, Amazon) considérées comme de « nouvelles nations ».

Qu'elles soient ou non considérées comme de « nouvelles nations »[5], plusieurs firmes multinationales se sont dotées de leurs propres services diplomatiques et de leurs propres diplomates (Lucas, 2012). La construction d'une « diplomatie d'entreprise » (Strange, 1992) fait partie des leviers managériaux désormais classiques, des grandes multinationales. Il s'agit, pour les entreprises, de ses doter des outils, mais surtout d'une philosophie d'approche, leur permettant de négocier avec leur environnement externe en vue d'une plus grande acceptabilité sociale (Steger, 2002). Les entreprises interviennent ainsi dans le champ politique et peuvent ainsi contrôler et influencer à la fois leurs salariés et leurs consommateurs. La *diplomatie d'entreprise* permet de positionner l'organisation autant dans les débats d'idées que dans les réalités internationales politiques et des marchés.

Le présent ouvrage est une invitation à la découverte de cette variété de diplomaties, que nous avons qualifiée de « diplomaties plurielles ». Les diplomaties sont plurielles de par les champs sur lesquelles elles portent, de par les acteurs qui les conduisent ou qui les engagent, de par les outils et les leviers sur lesquels elles reposent, mais aussi de par les approches disciplinaires à travers lesquelles elles sont étudiées et analysées. Les auteurs des différentes contributions sont des praticiens et des enseignants chercheurs issus de champs disciplinaires variés : sciences politiques, relations internationales, sciences économiques, sciences de gestion et de management, sciences de l'information.

Les différentes contributions qui composent ce volume peuvent être organisées en deux catégories :

D'une part, des contributions qui nous invitent à revisiter la diplomatie publique des États que ce soit dans sa philosophie, ses moyens ou sa portée. Radovan Gura propose ainsi une réflexion sur les nouvelles formes de la diplomatie préventive (chapitre 10). Mária Roštecková et Guy de Balbine analysent le rôle des

---

[5] Emma Woollacott, « Why Denmark's Appointment Of A Digital Ambassador Is A Terrible Idea », *Forbes*, Jan 28, 2017

médias comme véhicule de la diplomatie publique (chapitre 9). Miroslav Brvnišťan et Rastislav Kazanský analysent le rôle de la diplomatie dans la construction de la politique de protection de l'information au sein de l'Union européenne (chapitre 6). Plusieurs contributions montrent les évolutions des champs sur lesquels portent les négociations ou les outils de la diplomatie. El Hadi Guesmia, Belaid Abrika et Lagha Chegrouche traitent de la diplomatie économique et commerciale, et nous montrent comment l'État algérien déploie une diplomatie visant à favoriser l'implantation des entreprises algériennes, publiques et privées, en Afrique subsaharienne (chapitre 2). Josef Žigray présente les nouvelles formes de la diplomatie de défense notamment des pays d'Europe centrale et orientale (chapitre 5). Dieudonné Toukea aborde la diplomatie environnementale et montre comment certains États d'Afrique centrale ont été conduits à coopérer entre eux pour faire face aux enjeux environnementaux et aux négociations internationales sur le climat qui en découlent (chapitre 7). Enfin, dans la diplomatie culturelle, Elena Zhogovska, nous montre comment l'Institut français, principal levier de l'État français pour la promotion de la langue française dans le monde, utilise une démarche de communication marketing pour valoriser et promouvoir l'usage de la langue française (chapitre 8).

D'autre part, les contributions qui explorent la diplomatie mise en œuvre par les acteurs privés et qui constitue une évolution importante de la diplomatie du XXIe siècle (Badel et Jeannesson, 2014). Gabriela Kormancová s'intéresse aux motivations, mais aussi aux obstacles auxquels sont confrontées les petites et moyennes entreprises slovaques dans l'utilisation des moyens diplomatiques mis à leur disposition par l'État slovaque pour faciliter les investissements à l'étranger (chapitre 1). Jana Marasová, Anna Vallušová et Žaneta Lacová nous montrent comment les multinationales promeuvent de nouveaux référentiels dans le management des ressources humaines à travers des stratégies de négociations avec les différentes parties prenantes locales (chapitre 3). Enfin, nous montrons comment les actions d'influence des entreprises – lobbying – évoluent vers des stratégies d'influence plus sophistiquées relevant de la diplomatie stratégique voire de la diplomatie d'entreprise (chapitre 4).

Les contributions qui constituent cet ouvrage soulignent toutes l'importance des pratiques diplomatiques dans la conduite des affaires des États, mais aussi des organisations privées. Elles montrent surtout l'évolution des pratiques aussi bien dans leurs finalités et dans leurs contours. Si, par nature, la diplomatie se déploie dans un contexte international, la mondialisation et globalisation des échanges rendent d'autant plus complexes le cadre et les enjeux de la diplomatie. Nous espérons que les différentes contributions de cet ouvrage participeront à une meilleure compréhension de ces enjeux.

Références

Badel, L., Jeannesson, S., 2014, « Introduction. Une histoire globale de la diplomatie ? », *Monde(s)*, 2014/1, n° 5, pp. 6-26.

Carron de la Carrière, G., 1998, *La diplomatie économique : Le diplomate et le marché*, Paris, Economica.

Guiheux, G., 2014, « Diplomatie privée : le patronat taiwanais et l'action extérieure de la République de Chine », *Monde(s)*, 2014/1, n° 5, pp. 137-150.

Henisz, W., J., 2014, *Corporate diplomacy – building reputations and relationships with external stakeholders*, Edition Greenleaf Publishing, Sheffield.

Leonard, M., 2002, *Public Diplomacy*, Londres, The Foreign Policy Centre.

Lucas, D., (dir), 2012, *Les diplomates d'entreprises : pouvoirs, réseaux, influence*, Paris, Choiseul.

Melissen, J. (dir.), 2007, *The New Public Diplomacy. Soft Power in International Relations*, New York, Palgrave Macmillan.

Nicolson, H., 1969, *Diplomacy*, Oxford University Press, 3e édition.

Nye, J., 1990, *Bound to Lead: The Changing Nature of American Power*, New York, Basic Books.

Plantey, A., 1991, *De la politique entre États, principes de diplomatie*, Pedone : Paris, 2e édition.

Rouet, G. (dir.), 2012, *Nations, cultures et entreprises en Europe*, Paris, L'Harmattan.

Ruël, H., Betlem, F., Wolters, T., Van der Kaap, H., 2013, « Business diplomacy in MNCs - an empirical study on its determinants », *Paper presented at the EIBA 2013*, pp. 1-55.

Steger, U., 2002, *Corporate Diplomacy: The Strategy for a Volatile, Fragmented Business Environment*, John Wiley & Sons.

Strange, S., 1992, « States, Firms and Diplomacy », *International Affairs*, 68(1), pp. 1-15.

Tuch, H., 1990, *Communicating with the World: U. S. Public Diplomacy Overseas,* Washington D. C., Institute for the Study of Diplomacy, Georgetown University.

Mourad Attarça *est maître de conférences en sciences de gestion (Université de Versailles Saint-Quentin-en-Yvelines), directeur de la chaire La Poste « Qualité et expérience client » et directeur de la formation continue de l'Institut Supérieur de Management, IAE de Versailles St-Quentin-en-Yvelines.*

Peter Terem *est professeur de relations internationales (Université Matej Bel, Banská Bystrica, Slovaquie), directeur du département des relations internationales et de la diplomatie de la Faculté des sciences politiques et des relations internationales et vice-recteur chargé la recherche.*

Chapitre 1

Use of Economic Diplomacy Tools by Enterprises in Slovakia

Gabriela Kormancová

Résumé : *Le but de ce chapitre est d'identifier les outils à la disposition de la diplomatie économique pour soutenir les échanges et l'investissement. Les entreprises slovaques qui exportent et investissent ont des opportunités à l'étranger. De plus, les Petites et Moyennes Entreprises pourraient avoir des difficultés surtout en ce qui concerne l'accès aux informations importantes sur les marchés étrangers. Les outils de la diplomatie économique peuvent aider à franchir ces obstacles. Dans la majorité de cas, les PME n'ont pas assez d'informations sur ces outils et ne sont pas souvent capables de les utiliser pour promouvoir leurs produits. Ce chapitre identifie les outils de la diplomatie économique qui sont réellement utilisés par les entreprises slovaques. Dans le même temps, il s'agit d'examiner les motivations des entreprises à cet égard.*

Mots-clés : *Outils de la diplomatie économique -Commerce extérieur – Exportation – Entreprises slovaques - PME*

In the past few decades, the importance of SMEs in the EU has significantly increased, accounting for 99% of all businesses in the EU. In the past five years, they have created around 85% of new jobs and provided two thirds of the total private sector employment in the EU (European Commission, 2018).

With SMEs being an essential source of employment and the most important vehicle of entrepreneurship, creating value in a number of sectors, the EU has important economic, social and political benefits to gain from supporting these enterprises (Dalberg, 2011). Similarly, SMEs constituted 99.9% of all Slovak businesses in 2015, offering job opportunities to nearly three quarters (73.6%) of the active workforce in the corporate economy and participated with more than half (52.8%) in the creation of the added value. However, their export performance remains disappointing. Exporting SMEs represented only 5.6% of total Slovak SMEs, and contributed only 29.3% of share on total export with the value (in absolute numbers by 977.8 mil. €) in 2015 (Report on the state of Small and Medium Enterprises in the Slovak Republic, 2015). According to the data of Statistical Office of the Slovak Republic, there were 29,923 exporting companies (98.6% of them were SMEs, mainly micro-companies) in 2015 in Slovakia.

Nowadays, the Slovak economy is one of the most dynamic economies in the Eurozone (OECD, 2013). From 2001 to 2011, Slovakia had one of the highest GDP per capita growth rates in the OECD, driven mainly by an increase in labour productivity. In 2016, Slovakia has improved its worldwide ranking in the Doing Business report by eight places to the 29th current position and set a new record in production sector growth (World Bank, 2016). The GDP is predicted by OECD to grow by 3% in 2017 and 4.6 % in 2018, driven by the final consumption growth and a rise in the employment rate, the significant growth of real salaries, low interest rates and the continuing decrease of energy prices.

The Ministry of Economy calculated the openness of Slovakia's economy in 2012 at 170.8% that means an increase by 7.9% compared to 2011. It is estimated that the economy's openness will continue to increase up to 250% by 2020. A high degree of openness is a common feature of the whole V4 region. In case of Slovakia, the high openness was developed because of limited natural resources and low absorption ability of the domestic market because of the small country size. This specific feature requires maintaining competitive business conditions in Slovakia in order to attract foreign investors.

Economic Diplomacy: Background and Definition

The emergence of explicit concepts of economic diplomacy is a relatively recent development in the study of diplomacy. According to Berridge and James (2003, p. 91), "*Economic diplomacy concerned with economic policy questions, including the work of delegations to conferences. At the same time, it employs economic resources, either as rewards or sanctions, in pursuit of a particular foreign policy objective*". Rana (2007, p. 201) understands economic diplomacy as "*the process through which countries tackle the outside world, to maximize their national gain in all the fields of activity, including trade, investment and other forms of exchanges; it has bilateral, regional and multilateral dimensions, each of which is important*".

Diplomacy has increasingly been moving away from negative and positive economic statecraft (Smith *et al*, 2012), towards economic diplomacy, registering a shift towards new non-diplomatic actors including small and medium-sized enterprises (SMEs). Economic diplomacy refers to government services and support provided to business in foreign markets. This can take the form of financial support, but can also include other public services such as trade missions, capacity-building activities and access to information (Summary report of Global forum on responsible business conduct, 2017).

As is explained in Analysis of the EU economic diplomacy strategy (2017, p. 5), economic diplomacy is often understood, in a narrow sense, as "*an instrument to promote enterprises, particularly SMEs where the potential for job creation is greater than for multinationals, on foreign markets*". In this context, it could also be called "corporate diplomacy" or "commercial diplomacy".

Supporting business has been a priority of the EU. This is demonstrated by the creation of various instruments (e.g. Partnership instrument, European neighbourhood instrument, Horizon 2020, etc.) and networks (e.g. European Enterprise Network) which contribute to the internationalization of European businesses.

In a broader sense, economic diplomacy "can serve an intelligence function, helping to wield influence, and becomes more of a strategy than an instrument. The concept moves from business promotion to a wider notion of economic interest promotion" (Analysis of the EU economic diplomacy strategy, 2017, p .6). Taking into consideration the above theoretical frameworks, the common aspects to all definitions of economic diplomacy are: 1) facilitating access to foreign markets for national businesses (incl. SMEs); 2) attracting foreign direct investment to a national territory; and 3) influencing international rules to protect national interests.

Slovak Economic Diplomacy

Current priorities of Slovak economic diplomacy are defined by the Ministry of Foreign and European Affaires of the Slovak republic (MFEA SR) in the document "Focus of economic diplomacy in bilateral and multilateral relations 2020" which is based on the "Strategy for external economic relations of the Slovak Republic for 2014-2020". At the same time, these priorities are in accordance with the "Manifesto of the Government of the Slovak Republic published in April 2016".

States have different organizational and institutional structures when it comes to their trade promotion and economic diplomacy (Naray, 2008). According to the documents mentioned above, there are mainly the Ministry of Foreign and European Affaires of the Slovak Republic (MFEA SR) as a coordinating institution and Ministry of Economy that are responsible for the fulfilment of tasks of economic diplomacy. This cooperation is officially declared in "Memorandum" signed by the representatives of both organizations. Moreover, other state and non-state organizations are involved in fulfilling the goals of economic diplomacy.

Nowadays, Slovakia has 81 heads of diplomatic missions who are responsible for fulfilling the goals of the economic diplomacy agenda (Focus of economic diplomacy in bilateral and multilateral relations 2020, 2016). According to the MFEA SR data, Slovakia has 43 economic diplomats (in 2015), however, 24 of them work in the EU countries. This allocation of diplomatic personnel copies current export interests of Slovak companies and their considerable dependency on the European trade partners.

Economic diplomacy is the intrinsic part of Slovak foreign policy. It includes the coordination of activities provided by state and non-state organizations that are focused on:

- Support of trade and investment of local enterprises that have the ambition to enter foreign markets;
- Support of foreign investments;
- Development of cooperation in research and development, innovation with foreign partners in order to enhance international competitiveness;
- Offer foreign development aid and enhance the involvement of companies in this aid;
- Identify global trends, which influence economic development;
- Promote national interest of Slovak Republic at European and global level (Focus of economic diplomacy in bilateral and multilateral relations 2020, 2016).

The ambition of these activities is to contribute to the economic growth, rise of employment and at the same time to support SMEs in Slovakia. However, the lack of qualified labour and the high degree of openness of Slovak economy is necessary to reflect. Economic diplomacy is based on multilateral agreements (WTO's agreements), bilateral EU trade and investment agreements and bilateral agreements between countries.

Bilateral Economic Diplomacy

Main activities of bilateral economic diplomacy are related to foreign trade and investment where many actors are involved. As a part of bilateral economic diplomacy, we can mention investment protection agreements, agreements to support investment (e.g. the agreement with Iran and the United Arabic Emirates (UAE) signed in 2016) or agreements to avoid double taxation. New agreements indicate the need of additional (economic) diplomacy personnel in these territories. In the case of the UAE, Slovakia opened a new embassy in December 2015 in order to support trade and investment especially in tourism (thermal spa).

Taking into consideration the data from Statistical Office of the Slovak Republic and International Monetary Fund, MFEA SR decided to focus on four main territories with the high export potential for Slovak companies (incl. SMEs):

- North America (especially the USA, Canada and Mexico) reflecting the future benefits from CETA-Comprehensive Economic Trade Agreement between the EU and Canada;
- South and East Asia (mainly China, Vietnam, Sour Korea) with huge potential value of trade;
- Middle East countries (mainly UAE);
- In Africa, the focus is given on Algeria, Nigeria and Ethiopia.

The EU remains the territorial priority of Slovak exporting companies where more than 80% of their export is directed. On the other hand, more than 60% of Slovak import is from the EU countries. The growing exports to EU countries will compensate for the declining exports to the Russian Federation due to EU sanctions. Other territorial priorities of economic diplomacy are the EU neighbouring countries (e.g. Balkan countries, Commonwealth of Independent States).

Another part of economic diplomacy until 2020 is the focus on countries with strong R&D potential e.g. USA, Japan, Israel, South Korea, Switzerland, Turkey, EU countries (especially Germany, Scandinavian countries) and China. This area also opens up scope for closer cooperation between the V4 countries.

Slovakia is one of the world's top car producers. Altogether, the three factories (Volkswagen, KIA and Peugeot Citroën) produced more than one million cars in 2017. In 2018, Jaguar Land Rover is expected to start its production in Slovakia (150,000 cars per year). The automotive industry generates more than 65,000 jobs with an average monthly wage of EUR 1,150. This industry supports the growth of businesses in other sectors as well. Referring to this development, car industry will be crucial for Slovak economy in the next years. Based on the "Analysis of comparative advantages" elaborated by MFEA SR in 2016, cars and automotive parts exported by big car producers remain the essential commodities for our future export.

One of the future priorities of the Slovak economic diplomacy is to contribute to the diversification of export which is still extremely depended on the EU (85.2 % in 2015 based on data from the Statistical Office of the Slovak Republic), more precisely on the eurozone countries (focusing on Germany and the Czech Republic as our main trading partners). Slovakia struggles with this dependency despite the measures proposed in the document, “Strategy for external economic relations of the Slovak Republic for 2014-2020”. A special attention is paid to the increase of the number of MFEA SR experts active abroad. Here, new SARIO foreign offices in Cuba and Germany are discussed being established (Focus of economic diplomacy in bilateral and multilateral relations 2020, 2016). This expansion is rather limited due to lack of financial sources.

Economic Diplomacy Tools

According to Okano-Heijmans (2011) tools of economic diplomacy includes i.e. trade and investment promotion, cooperation in service and technology, bilateral/multilateral agreements or sanctions (embargo, capital controls). Main tools supporting export and investment of companies in Slovakia are defined in the “Strategy for external economic relations of the Slovak Republic for 2014-2020” (which was incorporated into the “Economic Diplomacy Agenda”) approved by the Slovak government in March 2013. The central actors who coordinate and implement activities proposed in this document are the MFEA SR and the Ministry of Economy of the Slovak republic (incl. SARIO as a part of its organizational structure).

This document also highlights the importance of other state and non-state actors, e.g. Export-Import bank of the Slovak Republic (EXIMBANK SR), Slovak Business Agency (SBA) and Slovak Chamber of Commerce and Industry (SOPK), which have the supporting role.

There are seven categories of exporting and investment tools (incl. economic diplomacy tools) which are defined in this strategical document:

1) Trading and political tools;

2) Autonomous tools to support export of goods and services;

3) Contracting tools to support export of goods and services;

4/ Measures how to maintain the stable delivery of strategic goods;

5) Investment tools;

6) Tools to support the cooperation in innovation activities with other countries;

7) Unified presentation tools of the Slovak Republic.

In this document (p. 8-9), the functions of economic diplomacy are defined. Here we can find the examples of economic diplomacy tools where the MFEA SR is responsible:

- Consultancy, assistance for exporting companies, e.g. in finding potential trading partners abroad in particular territories;
- Offer of monitoring reports about macroeconomic development abroad;
- Offer of territorial analysis and economic information from abroad;
- Support of companies' attendance of international trade fairs and exhibitions;
- Participation of companies in official state visits abroad and trade missions;
- Assistance for exporting companies regarding development aid projects (Strategy for external economic relations of the Slovak Republic for 2014-2020).

As was mentioned above, the economic diplomacy refers to government services and support provided to business in foreign markets. We can find specific examples of *economic diplomacy tools* in Slovakia in the report "Focus of economic diplomacy in bilateral and multilateral relations 2020" (2016) are as follows:

- Projects implemented by embassies of the Slovak Republic abroad in order to fulfil the aims of the "Strategy for external economic relations of the Slovak Republic for 2014-2020". In 2015, 15 projects in 14 countries were implemented (total budget

50,000 EUR), in 2016, 14 projects in 14 countries (total budget 50,000 EUR);

- Creation of Slovak Innovation Contact Offices (the first one was opened in Finland in 2015) in order to help the cooperation between Slovak and foreign scientists, companies and startups);

- Project video discussions "Hangout Innovators Connect" with foreign investors, entrepreneurs and their Slovak counterparts;

- Creation of "SABIC – Slovak American Business and Innovation Council" as a common initiative of embassies, private sector and NGOs. The aim of SABIC is to support the export and the innovation potential of Slovak innovative companies and the cooperation with the US innovation centres;

- Tools of external financial support incl. IPA-Instrument for pre-Accession Assistance, ENI-European Neighbourhood Instrument, PI-Partnership Instrument or DCI-Development Cooperation Instrument as the additional financial sources for State and private in Slovakia;

sectors- the primary data from the qualitative research provided by the author.

The first on-line survey "Real use of exporting tools by Slovak companies" was carried out by the Slovak Government's Council for Export and Investments in 2015 analysing 98 exporting companies (66 SMEs and 32 top exporters) and 21 exporting tools (with 46% return rate). The main aim of this survey was to identify exporting tools that are not (or rarely) used by companies. The purpose was to modify the current offer of exporting tools as are proposed in the "Strategy for external economic relations of the Slovak Republic for 2014-2020". The questionnaire was divided into five parts including sections related to financial support; promotion tools (trade fairs, trade missions); consulting and education; room for companies' comments and suggestions; and general information about respondents.

Another survey was provided by the Slovak Business Agency ("SBA") in cooperation with the University of Economics in 2015 and 2016 where the representative sample of Slovak SMEs was analysed. The aim of this research was to identify main problems of exporting SMEs. The questionnaire was divided into seven parts, which focused on aspect as follows:

(1) Assessment of current business environment for exporting SMEs in Slovakia; missing support for trade activities abroad;

(2) Use of state support of exporting SMEs; what type of state support is preferred by SMEs?;

(3) Use of the support offered by state institutions for exporting SMEs;

(4) Satisfaction with the support of exporting SMEs; and reasons why SMEs do not use the support offered.

Moreover, the in-depth analysis was provided in a medium-sized company (which wanted to stay anonymous), established in 1996, offering environmental services, located in Bratislava as a part of primary qualitative research. This company started exporting in 2002. In recent years, they have focused on North American countries, Australia and Russian Federation. We decided to provide the structured interview in order to get as detail information as possible and to have the possibility to ask about the use of specific tools of economic diplomacy. The manager responsible for the export department was interviewed in June 2017. He was asked 10 open questions focusing on exporting tools (incl. tools of economic diplomacy) used by the company.

Data Analysis and Results

In the first survey, two main target groups were analysed, top exporters (32) and SMEs (66). The use of exporting tools identified by top exporters is summarized in Table 1. Here we focused on economic diplomacy tools (in bold) offered by tate organizations to companies.

Table 1. Use of exporting tools by top exporters in Slovakia (2015)

Preferred exporting tools	*No or limited use of exporting tools*
Financial products of EXIMBANK SR for companies' export (28.1%)	Territorial and economic information from abroad (43.8%)
Insurance products of EXIMBANK SR for companies (28.1%)	Information about recommended trade fairs and exhibitions abroad (28.1%)
Support of companies' attendance of trade fairs and exhibitions offered by Ministry of Economy (28.1%)	Companies as a part of official state visits abroad organised by Ministry of Economy, MFEA SR in cooperation with SOPK and SARIO (21.9%)
Consultations offered by EXIMBANK SR for export preparation (25%)	Sector analysis offered by SARIO (28.1%)
Information offered by SARIO about tenders abroad (15.6%)	SARIO events (18.8%)
Assistance in finding potential trading partners abroad in particular territories (15.6%)	List of trade opportunities in international organizations offered by MFEA (15.6%)

Source: Data based on the survey "Real use of exporting tools by Slovak companies", Slovak Government's Council for Export and Investments, 2015

As is indicated in the Table 1, top exporters prefer tools offered by the EXIMBANK SR (insurance and financial products) and the Ministry of Economy of the Slovak republic. On the contrary, they do not use (or in limited ways) territorial analysis and other information published on the state organizations' webs. Almost half of respondents do not consider this tool of economic diplomacy as useful for them. Similarly, one third of respondents do not use the sector analysis published on web of SARIO. The use of economic diplomacy tools by SMEs is summarized in Table 2.

Table 2. Use of exporting tools by SMEs in Slovakia (2015)

Preferred exporting tools	*No or limited use of exporting tools*
Insurance products of EXIMBANK SR for companies (26.9%)	Territorial and economic information from abroad (31.3%)
Information offered by SARIO about tenders abroad (25.4%)	Information about recommended trade fairs and exhibitions abroad (28.4%)
Support of companies' attendance of trade fairs and exhibitions offered by Ministry of Economy (25.4%)	Use of a specialised SARIO's web summarising exporting and cooperating opportunities for companies (25.4%)
Support of companies' attendance of trade missions offered by Ministry of Economy, (23.9%), SOPK (23.9%), and SARIO (22.4%)	Trading opportunities in international organizations offered by MFEA SR (22.4%)
	Companies as a part of official state visits abroad organised by Ministry of Economy, MFEA SR in cooperation with SOPK and SARIO (20.9%)

Source: Data based on the survey "Real use of exporting tools by Slovak companies", Slovak Government's Council for Export and Investments, 2015

The SMEs preferences are rather similar to top exporters. Tools offered by EXIMBANK SR and the Ministry of Economy of the Slovak republic seem to be the most useful for SMEs. As was stated above, the use of territorial analysis and economic information is rather limited.

The second survey that was a part of the "Analysis of exporting SMEs in Slovakia" (2017) was carried out by the Slovak Business Agency in cooperation with the University of Economic in Bratislava. The main aim of this research was to identify main problems of exporting SMEs. One part of the survey also focused on use of exporting tools by SMEs.

More than 44% of SMEs want to use in the future the services offered by state organizations. The respondents prefer mainly consulting services (54.1%), financial support (offered by EXIMBANK SK) 39.2% and 37.8% of respondents is interested in support of companies' attendance of trade fairs and exhibitions offered by Ministry of Economy. Based on the "Analysis of exporting SMEs in Slovakia" (2017), following problems of exporting SMEs were identified:

- Lack of information about target markets and about state assistance to SMEs;
- SMEs struggle to deal with the complexity of information related to their potential internationalization;
- Slovak SMEs perceive that they are less competitive than their counterparts abroad;
- Existing assistance is used mainly by medium companies, small and micro companies are omitted
- Bureaucracy connected with the government support for SMEs.

The Slovak company interviewed (active in waste processing industry) uses tools of economic diplomacy as follows:

- Consultations with the Embassy of the Slovak republic in South Africa (Pretoria) in order to identify good fairs opportunities,
- Use of territorial analysis offered by the MFEA SR to decide potential new markets for future export.

It reflects their current exporting priorities in South Africa. They analysed already the situation in their industry in this country. The existing local competitors do not offer such a good technology as this Slovak company. In this regard, they see the huge potential for them for the future.

This company (similarly as was stated but other SMEs in two surveys above) often deals with the lack of information regarding the government support. In the past, the company used the non-financial support in the form of consultations with the MFEA SR employees. In addition, the support of their attendance in five international trade fairs in 2015-2018, offered by Ministry of Economy, was used. This service was considered as useful but, on the other hand, the whole process of support is rather lingering and bureaucratic. After this experience, the company tries to use their own personal resources to choose and attend major international trade fairs.

The main aim of this paper was to identify a wide range of economic diplomacy tools that are currently used by SMEs in Slovakia in order to promote their trade and investment abroad. The results of two surveys mentioned above and the results of our qualitative research show that SMEs are interested mainly in economic diplomacy tools offered by the Ministry of Economy of the Slovak republic in the cooperation with the MFEA SR (assistance in trade fairs and search for new business partners). Some economic diplomacy tools (territorial and economic information from abroad) offered by the MFEA SR were considered as less useful by one third of SMEs in the first survey (in 2015). The fact that was underlined many times was the lack of information about the government support for exporting companies.

Reflecting the results above, SMEs in Slovakia expect to improve their awareness of current exporting tools and facilitate their structure adding the information which state (non-state) organization is responsible for each exporting tool.

Because of SMEs feedback in surveys provided, the MFEA decided to strengthen economic diplomacy competencies pursuant to the official government program announced by the Slovak government, in order to purposefully support Slovakia's economic and trade interests aboard.

References

Berridge, G. R. & James, A., 2003, *A Dictionary of Diplomacy*, Houndmills, Palgrave.

Dalberg, 2011, *Report on Support to SMEs in Developing Countries through Financial Intermediaries*, <http://www.eib.org/attachments/dalberg_sme-briefing-paper.pdf> (10.1.2018).

European Commission, 2016, *Entrepreneurship and Small- and Medium-sized Enterprises (SMEs)*, <https://ec.europa.eu/growth/smes_sk> (10.1.2018).

Government Council for Export and Investments Promotion, 2013, *Strategy for external economic relations of the Slovak Republic for 2014-2020*, <http://www.sario.sk/sites/default/files/content/files/STRAT%C3%89GIA%20%20VONKAJ%C5%A0%C3%8DCH%20%20EKONOMICK%C3%9DCH%20%20VZ%C5%A4AHOV%20%20SLOVENSKEJ%20%20REPUBLIKY%20%20NA%20%20OBDOBIE%20%202014%20-%202020.pdf> (21.1.2018).

Government Council for Export and Investments Promotion, 2016, *Focus of economic diplomacy in bilateral and multilateral relations* 2020, <http://www.rokovania.sk/Rokovanie.aspx/BodRokovaniaDetail?idMaterial=26028> (20.1.2018).

Imbert, F. B., 2017, *Analysis of the EU economic diplomacy strategy*, Brussels, European Parliament, <http://www.europarl.europa.eu/RegData/etudes/IDAN/2017/570483/EXPO_IDA(2017)570483_EN.pdf> (16.12.2017).

Ministry of Foreign and European Affaires of the Slovak Republic, 2016, *Analysis of comparative advantages*, <https://www.rokovania.sk/File.aspx/Index/Mater-Dokum-204681> (10.1.2018).

Naray, O., 2008, "Commercial diplomacy: A conceptual overview", Paper presented at the *7th World Conference of TPOs*, Hague, <http://www.intracen.org/uploadedFiles/intracenorg/Content/Trade_Support_Institutions/TPO_Network/Content/Conferences/2008/NarayConferencepaper.pdf> (20.1.2018).

OCDE, 2013, *Slovak Republic: Fostering an inclusive job-rich recovery*, <https://www.oecd.org/slovakia/BrochureSlovakRepublicapril2013.pdf> (10.1.2018).

OECD, 2017, *Summary report. Global forum on responsible business conduct*, Conference Centre, Paris, <https://mneguidelines.oecd.org/global-forum/2017-RBC-Roundtable-for-Policy-Makers-Summary-Report.pdf> (16.12.2017).

Okano-Heijmans, M., 2011, "Conceptualizing Economic Diplomacy: The Crossroads of International Relations, Economics, IPE and Diplomatic Studies", *The Hague Journal of Diplomacy*, 6(1), Hague, pp. 7-36.

Rana, K.S., 2007, "Economic diplomacy: the experience of developing countries", In: Bayne, N., Woolcock, S., *The new economic diplomacy: decision-making and negotiation in international economic relations*, Aldershot, Ashgate, pp. 201-220.

Slovak Business Agency, 2016, *Report on the state of Small and Medium Enterprises in the Slovak Republic in 2015*, <http://www.sbagency.sk/sites/default/files/file/sprava_o_stave_msp_2015_en.pdf> (20.1.2018).

Slovak Business Agency, 2017, *Analysis of exporting SMEs in Slovakia*, in cooperation with the University of Economics in Bratislava <https://of.euba.sk/www_write/files/veda-vyskum/publickacie/2017-analyza-exportu-msp-na-slovensku.pdf> (27.1.2018).

Slovak Government's Council for Export and Investments, 2015, *Real use of exporting tools by Slovak companies*, <https://www.mzv.sk/documents/10182/13375/V%C3%BDsledky+prieskumu.pdf/fe2c3b98-0eca-4d5b-877b-97d2894c7930> (27.1.2018).

Smith, S.*et al.*, 2012, *Foreign Policy: Theories, Actors, Cases.* Oxford, Oxford University Press.

World Bank, 2016, *Doing Business 2016 Report*, <http://www.doingbusiness.org/~/media/WBG/DoingBusiness/Documents/Annual-Reports/English/DB16-Full-Report.pdf> (10.1.2018).

***Gabriela Kormancová** est enseignant-chercheur en management de projet et commerce international. Elle est certifiée ECQA « EU Project Manager 2010 » et est active dans la coopération entre l'université et SOPK (Chambre de Commerce slovaque) et SARIO (Agence slovaque d'investissement et de développement des échanges commerciaux). Elle est évaluatrice pour les projets nationaux KEGA et APVV (Ministère de l'Éducation, de la Science et de la Recherche de la République slovaque).*

Chapitre 2

La diplomatie économique et le positionnement des entreprises nord-africaines en Afrique subsaharienne : qu'en est-il vraiment de l'Algérie ?

El Hadi Guesmia, Belaid Abrika & Lagha Chegrouche

Résumé : *L'objectif de ce chapitre est d'appréhender le rôle de l'État et de sa diplomatie économique dans l'internationalisation des entreprises. Pour ce faire, une analyse de la problématique du positionnement des entreprises nord-africaines sur les marchés de l'Afrique subsaharienne, à partir de l'approche par les réseaux, en mettant en avant l'intervention de l'État à travers les différentes représentations diplomatiques dans cette internationalisation, a été menée.*

Mots clés : *Algérie – Afrique subsaharienne – Internationalisation – secteur privé*

Dans un monde marqué par des évolutions accélérées d'ordres géopolitique, démographique, énergétique, culturelle, etc., l'influence des pays est de plus en plus conditionnée par leur puissance économique et commerciale, qui est déterminée principalement par la compétitivité internationale de leurs entreprises. L'atteinte de cet objectif devient par conséquent la préoccupation de tous les acteurs économiques. D'où l'importance de bonne image de communication d'un pays sur tous les plans régional et international et de la contribution potentielle de la diplomatie économique (DE) dans sa promotion et son renforcement.

Dans ce sens, s'interroger sur l'efficacité de la DE et la compétitivité des entreprises dans le dynamisme des économies Nord Africaines (NA)[6] ainsi que dans la promotion de leur marque pays constituera la trame de la présente recherche. Elle examine, plus précisément, la problématique de positionnement international des entreprises NA, de façon globale, et des entreprises algériennes en particulier, pour inclure ainsi leurs actions(exportations, investissements, partenariats)et les difficultés rencontrées à l'international, en l'occurrence, en Afrique subsaharienne (ASS)[7].

L'on doit noter que la diplomatie des pays NA se veut notamment, ces deux dernières décennies, plus ambitieuse et offensive. D'autant plus que la projection accrue des pays émergents, notamment la Chine, ou encore les pays de l'OCDE (la France, l'Allemagne, etc.) sur le continent africain étant de plus en plus marquée de rivalités, en dévoilant tous leurs ambitions africaines. De manière davantage affirmée aujourd'hui, « *l'objectif de conquête des marchés s'est substitué à celui de la conquête des territoires* » (Lorot, 1996, p. 111). Désormais, la lutte pour l'accroissement des parts des marchés extérieurs et la progression dans les chaînes de valeurs régionales et mondiales intéresse les entreprises que les décideurs politiques et les diplomates.

Le Maroc, l'Algérie et la Tunisie veulent tous développer leurs relations économiques avec l'ASS. Aussi misent-ils sur leur DE ainsi que sur leurs entreprises en tant qu'un nouveau acteur de cette dernière, pour diversifier leurs exportations, dynamiser

---

[6] Tout au long de ce chapitre, le terme Afrique du Nord sera relatif uniquement à l'Algérie, au Maroc et à la Tunisie. L'Afrique du Nord est assimilée au Maghreb selon l'Union européenne ou à l'Union du Maghreb arabe (UMA), Afrique du Nord selon l'ONU. Cette dernière ajoute aux pays de l'UMA, l'Égypte et le Soudan (Chegrouche, 2014, p. 5).

[7] Regroupant 48 pays (îles comprises), l'ASS est subdivisée en quatre sous-régions connues sous les noms d'Afrique de l'Ouest, d'Afrique de l'Est, d'Afrique centrale et d'Afrique australe.

leur croissance économique et ajuster leurs déséquilibres extérieurs.

Le phénomène de l'internationalisation des entreprises a fait objet de nombreux travaux de recherche qui portent sur l'étude de son expansion et leurs déterminants à l'étranger. Bien que de nombreux cadres conceptuels et théoriques issus de l'économie et de la théorie de l'organisation de la firme ont façonné ces développements théoriques (Dunning, 1981, 2006; Buckley & Casson, 1995), ces derniers ont, cependant, fait l'objet de critiques diverses amenant à leur adaptation. Ainsi, l'analyse de l'internationalisation des entreprises dans la littérature économique nous permet d'identifier trois grandes approches complémentaires : par étapes ou behavioriste (Johanson & Vahlne, 2009), par les ressources (Penrose, 1959 ; Prahalad & Hamel, 1990 ; Teece *et al*, 1997) et par les connaissances et les réseaux (Johanson *et* Mattsson, 1988).

S'agissant du rôle de l'État dans l'internationalisation des entreprises, la littérature s'intéresse essentiellement sur les déterminants de l'intervention de l'État (Dunning *et al.*, 1996 ; Sim & Pandian, 2003) et relativement moins sur les actions et les moyens mise à contribution. Pour cela, cette recherche est consacrée essentiellement à la définition, au sens large développée par Kessler (1999, p. 247) qui, faisant allusion aux mutations de la DE[8] dans un environnement postmoderne, la considère comme étant « *la mise en œuvre par une autorité publique, d'une politique à finalité commerciale et financière, destinée à assurer la prospérité économique du pays à travers les intérêts de ses entreprises, de ses groupes socioprofessionnels, de ses citoyens* ». Cette définition tient compte du rôle de l'État et de l'évolution de l'environnement international.

En s'inscrivant dans le cadre de l'approche par les réseaux, l'objectif de cette recherche est d'appréhender l'importance de l'intervention de l'État à travers la DE dans le positionnement des entreprises NA sur les marchés subsahariens.

[8] Il est généralement admis que le concept peut être défini de différentes façons : Berridge & James, 2003 ; Lee & Hudson, 2004 ; Van Bergeijk, 2009 etc.

La DE aide-t-elle les entreprises des pays NA, notamment celles du secteur privé, dans leur conquête des marchés de l'ASS ? Autrement dit, le secteur privé est-il un véritable acteur de la DE des pays NA en ASS ? Telles sont les interrogations auxquelles on tentera d'apporter un éclairage en mettant au cœur de l'analyse l'avenir économique des pays NA, en particulier l'Algérie, en ASS.

L'objectif de ce chapitre est triple. Il s'agira tout d'abord d'analyser la littérature qui traite du rôle de l'État via sa DE dans la promotion de commerce et de l'internationalisation des entreprises en Afrique. Il s'agira ensuite d'examiner l'impact que la DE a pu avoir sur la promotion des exportations des pays NA et le positionnement de leurs entreprises, notamment, celles de secteur privé, sur le marché subsaharien. Enfin, on conclura, pour comprendre la déficience de la DE algérienne sur la marché africain et la place maigre que son secteur privé y occupe, sur les actions stratégiques pour mieux cerner les enjeux et apporter les corrections nécessaires à l'action diplomatique et sa contribution futur dans le cadre de l'intégration africaine efficace et de partenariat gagnant-gagnant.

La diplomatie économique en Afrique

La DE en Afrique, représente encore un champ de recherche peu exploré par les sciences économiques. Les études existantes mettent souvent l'accent sur le rôle déterminant de l'État qui favorise par sa DE l'internationalisation des entreprises nationales. Durant les deux dernières décennies, l'influence de la politique sur le commerce international a gagné l'acceptation dans les sciences économiques. De nombreuses études (La Rose, 2007 ; Yakop & Van Bergeijk, 2011 ; Moons & Van Bergeijk, 2016) ont en effet souligné la pertinence des relations diplomatiques dans la recherche de débouchés et la mise en œuvre des stratégies d'exportation et d'investissement. Elles avancent que les relations diplomatiques entre les États prennent les formes de visites d'États, des missions économiques, les consulats et les ambassades sont des déterminantes significatifs dans le cadre de commerce bilatéral et de partenariats entre les pays.

D'autres études (Afesorgbor & van Bergeijk, 2014 ; Afesorgbor, 2016) sont consacrées plus spécifiquement au commerce Sud-sud en comparant l'impact des représentations diplomatiques et de l'intégration régionale sur le commerce africain. Elles examinent l'existence d'interactions entre ces deux instruments de la DE dans le cas africain.

Van Bergeijk (2009) montre aussi l'existence des effets de frontières qui rend l'investissement privé incapable de connaître les marchés extérieurs. La participation des gouvernements en fournissant l'information publique par des ambassades, des consulats, des missions économiques ou des visites d'États constituerait à cet égard une incitation pour les entrepreneurs d'accéder aux marchés extérieurs.

L'Afrique, d'un no man's land économique à une terre d'opportunités

L'Afrique couvre trente millions de km². L'Afrique regorge d'importantes richesses naturelles. Il est aussi un géant démographique en marche, passant, selon les données de l'UNICEF (2016, p. 3), de 966 millions d'habitants en 2009 à plus de 1 200 millions d'habitants en 2016, soit 16 % de la population mondiale. Force est d'admettre que le potentiel de croissance de continent, particulièrement, la zone subsaharienne, reste encore très important et inexploité. L'ASS a réalisé un taux de croissance annuel moyen de 5 % entre 2004-2015 (BAD, 2015). En plus de regorger 30 % des réserves mondiales en minerais, l'ASS, c'est aussi 800 millions de consommateurs potentiels, une population qui va croître pour atteindre 1,3 milliard en 2030, selon les estimations de l'Organisations des Nations Unies (2017).

L'Afrique est devenue, récemment, le lieu de toutes les ambitions et convoitises tant des acteurs étatiques ou non étatiques. En dépit de l'instabilité politique et économique dans de nombreux pays africains, ces derniers ne cessent de susciter l'intérêt des investisseurs étrangers. Selon l'étude réalisée par le cabinet d'audit financier EY (2016), les opportunités d'affaires en Afrique sont considérées comme les quatrièmes plus attrayantes dans le monde. Par conséquent, les relations sud/sud apparaissent, à ce titre, « comme des options possibles et prometteuses » (Aliouat, 2016). Elles peuvent être aussi une véritable opportunité pour les entreprises NA, car leur situation géographique les prédispose à constituer de véritables hubs transafricains pour les relations intercontinentales, notamment avec l'Europe.

La contribution de la diplomatie serait en effet indéniable quoiqu'elle ait, souvent, été marquée par son statut très particulier. Elle aura, ainsi, un effet évident sur les relations internationales et interétatiques. Toutefois, le travail diplomatique ne se limite plus au discours politique visant à mettre fin aux affrontements militaires, il dépend plus de facteurs économiques dans un souci de concilier les intérêts économiques et commerciaux et conclure des partenariats stratégiques gagnant-gagnant.

La diplomatie économique et la vision africaine des pays de l'Afrique du Nord

Les stratégies de projection économique des pays NA en ASS, jusqu'au début des années 2000, s'inscrivent toujours dans une politique africaine des pays, mais qui a été ensuite marquée par le degré de la réactivité de leur secteur privé national.

Alors que le Maroc déploie, sous l'impulsion d'une volonté politique manifeste, comme en témoignera notre analyse ci-dessous, une véritable offensive économique progressivement renforcée par l'appareil diplomatique et le secteur privé, l'Algérie s'est attachée à développer, une politique économique africaine fondée principalement sur l'énergie et les infrastructures, en conformité avec les lignes directrices du Nouveau Partenariat pour le Développement de l'Afrique (NEPAD) dont elle est membre leadeur. Bien que déterminée dès son indépendance à consolider sa position en Afrique, la Tunisie peine encore à faire transférer cette image dans son partenariat Sud-Sud.

Le Maroc à la conquête de l'ASS : moyens, formes d'actions diplomatiques et réalisations

Le Maroc a, ces dernières années, fait des progrès significatifs en adaptant sa diplomatie aux évolutions de l'environnement international. La promotion et la défense des intérêts économiques du Maroc auraient, ainsi, gagné en efficacité grâce à la définition et l'application de sa politique étrangère. Après plusieurs années de stratégies orientées vers l'Europe comme premier partenaire économique et diplomatique, le Maroc a commencé récemment à développer une DE en ASS, qualifiée souvent d'offensive, afin de renforcer davantage sa position de porte d'accès au continent. L'ASS est devenue à même une « priorité de la diplomatie du Maroc contemporain » (El Ghazali, 2016).

Le Maroc est fortement engagé dans cette stratégie de conquête de l'ASS en optant pour un renforcement de sa diplomatie bilatérale et régionale. Les missions économiques de ses ambassades dont on compte « 29 (26 en ASS) représentations diplomatiques en Afrique » (Baldé, 2017) sont très actives et efficaces pour mettre en valeur l'attractivité de son marché et de ses produits, en mettant en avant les facilités fiscales, financières, douanières, mais surtout pour rappeler les accords bilatéraux avec plus de trente pays subsahariens destinés à supprimer les taxes douanières à l'exportation.

Concernant la prolifération des accords bilatéraux, Hugon (IRIS, 2017), spécialiste de la géopolitique africaine, estime en effet à 500 le nombre d'accords juridiques de coopération avec les pays d'ASS, dont 14 accords commerciaux bilatéraux de type NPF (Nation la Plus Favorisée). Une offensive qui vise forcément à mettre à la disposition des entreprises marocaines un cadre juridique et réglementaire leur permettant une percée vers l'ASS à travers le renforcement des parts de marché et la diversification des débouchés extérieurs.

La constitution ou la participation active du gouvernement marocain aux différentes institutions de coopération régionale, pour ne citer son adhésion à la CEDEAO envisagée d'être avec le Maroc la 16e puissance économique mondiale, constituerait aussi des éléments structurants de l'internationalisation des entreprises du pays dont les effets attendus concernent à la fois les entreprises, mais aussi l'économie marocaine.

Une diplomatie de voyages au service de diplomatie officielle au Maroc

Après avoir quitté l'Organisation de l'Union Africaine (OUA) en 1984, le Maroc de Hassan II multiplie les conventions commerciales bilatérales avec les pays d'ASS. Mohammed VI prend le relais et « annule, dès le début des années 2000, au Caire, lors du sommet Europe-Afrique, la dette des pays africains les moins avancés » (El Houdaigui, 2010, p. 2). Il a patiemment noué des liens avec la majorité des États de l'ASS par une diplomatie des voyages et un élargissement des alliances. Il a effectué « plus de 51 voyages dans 26 pays subsahariens depuis 2001 » (Baldé, 2017). Il a, au cours de l'ensemble de ces visites, signé plus d'accords, incluant des accords intergouvernementaux et des accords public-privé, avec les pays de l'ASS, favorisant la mise en œuvre d'un cadre juridique qui puisse servir aux investissements des entreprises marocaines.

Des Groupes d'impulsion économique(GIE)[9] ont été aussi mis en place pour gérer directement tous les accords entre les patrons d'entreprises, « *dans le cadre des accords[10] noués avec les pays subsahariens, anglophones en particulier comme le Sénégal et la Côte d'Ivoire* » (Lamlili, 2017). Outre cette dimension bilatérale, le Maroc a, sur le plan multilatéral, signé avec les pays de l'Union Économique et Monétaire Ouest-Africaine (UEMOA) un accord commercial et d'investissement à Rabat en 2002 (Adimi, 2015, p. 116). Il s'inscrit dans le cadre

---

[9] Ces GIE, co-présidés par les ministres des Affaires étrangères et les présidents des patronats de chaque pays, visent à promouvoir le partenariat entre les secteurs privés et à booster les échanges commerciaux ainsi que les investissements.

[10] Tous les partenariats sont coordonnés par l'Agence Marocaine de Coopération internationale (AMCI), créée en 1986, en sa qualité d'agence gouvernementale en charge de coopération internationale. Elle a pour ambition la promotion et le développement de la coopération sud-sud.

du renforcement des relations commerciales et de partenariat économique entre le Maroc et l'UEMOA.

Une diplomatie parallèle se développe au Maroc

Le Maroc ne s'appuie pas uniquement sur ses professionnels des affaires étrangères, mais aussi sur sa diplomatie parallèle qui se renforce, « les partis politiques, les associations, les médias, les universitaires et la société civile sont aussi mis à contribution » (Rais, 2013)[11].

Organiser et développer, ainsi, des stratégies pour renforcer les liens économiques et commerciaux entre les entreprises marocaines et les économies africaines fait absolument partie des principaux objectifs de plan d'émergence du Royaume, lancé en 2005, qui fait aujourd'hui du Maroc l'une des meilleures places industrielles intégrées dans la zone de la méditerranée.

La DE, un levier important au positionnement des entreprises marocaines en ASS

La densité des efforts fournis au niveau politique et diplomatique a, ces dernières années, permis de faire de l'ASS une zone d'accueil importante pour les exportations et les investissements marocains. Les investissements marocains en Afrique sont essentiellement constitués d'Investissements Direct Étrangers (IDE) en ASS, qui représente 85 % du total des flux sortants vers le continent et 51 % des IDE marocains sortants à l'étranger entre 2003-2013.

Quasiment nuls au début des années 2000, les IDE marocains en ASS représentent aujourd'hui « près deux tiers des IDE sortants du pays » (Baldé, 2017). Le Maroc se positionne en force sur le marché. Le Maroc est ainsi classé comme « *le deuxième investisseur africain, après l'Afrique du Sud, en ASS et le premier investisseur africain en Afrique de l'Ouest* » (*ibidem*, p. 27).

---

[11] Cf. le message de Roi du Maroc prononcé à la 1ère conférence des ambassadeurs de SM le Roi organisée par le Ministère des affaires étrangères et de la coopération internationale (MAECI) du 30/08 au 01/09/2013, à Rabat.

Selon les chiffres de ministre Bourita (*idem*), plus de 1000 entreprises marocaines sont aujourd'hui présentes en ASS. Entre 2008-2015, elles ont investi plus de 2,2 milliards de dollars.

Pour le Think Tank Amadeus (2014, pp. 14-16), six grands secteurs ont été au centre des plans de développement spécifiques qui ont grandement contribué à l'émergence d'entrepreneurs leaders marocains à l'export, à savoir : l'agriculture, la banque, les énergies renouvelables, les mines, le tourisme et le transport logistique.

Plusieurs entreprises marocaines, publiques et privées, ont pu utiliser la plateforme créée par les banques marocaines[12] et les compagnies de transport pour aller explorer les opportunités d'affaires dans les pays subsahariens, « l'impact a été très positif sur la balance des paiements du Maroc » (El Ghazali, 2016). Selon la CNUCED (2016), la part des stocks d'IDE marocains sortants en ASS dans le PIB est, en effet, passée de 3,8 % en 2014 à 4,4 % en 2015.

Les échanges commerciaux avec l'Afrique croissent rapidement, notamment du fait de la montée en puissance d'une classe moyenne. Sur la période 2004-2014, le montant global des échanges commerciaux du Maroc avec l'ASS a augmenté de 13 % en moyenne annuelle. Les échanges globaux du Maroc avec le continent « ont ainsi quadruplé, passant d'un milliard de dollars à 4,4 milliards de dollars » (Moubarack, 2016, p. 19).

L'Afrique de l'Ouest[13] reste la première destination des exportations marocaines « en accueillant environ 50,08 % de ces exportations en 2014, soit 1,04 milliard de dollars » (idem), qui plus est, « *un tiers des exportations vers les pays subsahariens sont à haute valeur ajoutée à l'instar des secteurs bancaires, télécommunications ou industrie* » (Berahab, 2017, p. 7). Le commerce et l'investissement en tant qu'indices d'intégration régionale sont élevés.

---

[12] Le Groupe Attijariwafa Bank est la 4e plus importante banque africaine avec une capitalisation boursière de 5 milliards de dollars. Il est présent dans plus de 22 pays avec un réseau de 3 300 agences et 16 700 collaborateurs (Baldé, 2017).

[13] Les pays de la région se sont inscrits dans un processus d'intégration régionale, basé sur la proximité géographique, culturelle et des liens historiques.

En résumé, cette stratégie de conquête de la politique étrangère marocaine qui semble axée principalement sur l'ASS, signifie que le Maroc a bien compris que l'Afrique sera la porte de l'émergence internationale et de la constitution d'un hub transafricain.

La Tunisie en Afrique, renouveau ou une mise sur la diplomatie par d'autres moyens

Théoriquement, l'ancrage africain comme « environnement naturel » constitue, depuis de nombreuses années, « un point fondamental de la politique économique de la Tunisie » (Amadeus, 2014, p. 75). La Tunisie s'est en effet employée à promouvoir et à consolider ses relations diplomatiques et économiques avec l'Afrique, au niveau bilatéral et au sein de l'Union Africaine (UA).

Or, bien que la Tunisie semble engager dans le renforcement de son cadre juridique (avec110 accords bilatéraux) relatif au développement des échanges commerciaux et à l'accroissement des investissements en ASS, il n'en demeure pas moins qu'elle accuse aujourd'hui un retard considérable par rapport à de nombreux pays africains, en l'occurrence le Maroc, l'Afrique du Sud. La Tunisie ne réalise que « *2,6 % des exportations interafricaines, ce qui est très marginal par rapport au MUAaroc (50 %) et à l'Afrique du Sud (30 %)* » (Diop, 2017). Elle a exporté en moyenne vers l'ASS, 512 millions de dinars entre 2000-2007 et elle en a importé 481 millions de dinars (CEPEX, 2017). Le volume des exportations est « *estimé en 2016, à 800 millions de dinars, soit 3 à 4 % du total des exportations* » (Diop, 2017). La Tunisie a été ainsi classée « la 10e pour les exportations et la 17e pour les importations » (*idem*). Les produits échangés sont essentiellement des produits agricoles et agroalimentaires, le cuir et les chaussures, les lubrifiants, le textile et l'habillement, à faible valeur ajoutée. Les exportations tunisiennes vers les pays subsahariens sont très faibles et insignifiantes.

La politique économique tunisienne : l'ancrage africain comme « profondeur stratégique »[14]

La Tunisie n'est pas en reste malgré son maigre volet d'affaires actuelles et sa faible représentation diplomatique en ASS. Grâce à une politique favorisant l'émergence et la valorisation des IDE et des technologies de l'information (TIC)[15], la Tunisie est devenue en quelques années le pays le plus développé d'Afrique dans ce secteur avec « une contribution significative à son PIB de 13,5 % » (MINCOM, 2014) et une position compétitive dans ses rapports nord-sud « au sein de clusters industriels et serviciels attractifs, à l'instar de El Ghazala, Mecatronic, PCS » (*idem*).

Le plan national stratégique Tunisie Digitale 2020, soutenu par la Banque Mondiale et la Banque Africaine de Développement (BAD, 2017), intègre désormais une offensive Sud/Sud qui augure d'une intégration d'excellence et d'un relais de croissance important en ASS. Ce plan a été élaboré avec la collaboration du secteur privé et de la société civile depuis 2013. Ce faisant, la Tunisie « *agit le plus souvent en binôme avec des firmes leaders dans leur domaine pour jouer le rôle de hub transafricain en colocalisation, dans les domaines du software médical, de l'e-administration, des télécoms et de l'économie numérique* » (*ibidem*, p. 3). En ce sens, la Chambre de Commerce et d'Industrie de Tunis « a multiplié les visites en ASS depuis 2014 » (Aliouat, 2016, p. 16).

---

[14] Nous faisons allusions au concept défendu par Ahmed Davutoglu, pour celui-ci, la Turquie s'appuie sur sa situation géographique et historique en tant qu'héritière de l'Empire Ottoman (Kateb, p. 93).

[15] On peut citer le Plan Jasmin, le Plan d'action pour l'économie numérique (2011-2013) et le Plan *Smart Tunisia*.

La DE, un point d'appui des entrepreneurs tunisiens dans leur conquête de l'ASS : mythe ou réalité

Après avoir longtemps ignoré l'ASS, les entrepreneurs tunisiens[16] considèrent désormais cette dernière comme une terre d'avenir. L'ASS recèle beaucoup d'atouts et offre pas mal d'opportunités d'investissements susceptibles d'intéresser les entreprises tunisiennes. L'adhésion de la Tunisie, *« en octobre 2017, au marché commun de l'Afrique orientale et australe »* (Hlaoui, 2017, p. 26), est à cet égard un facteur déterminant.

Une politique volontariste qui encourage forcément le positionnement du secteur privé tunisien en ASS dans le cadre d'une DE nouvelle et agressive. D'où la signature de nombreux accords de partenariats. En 2016, la Tunisie « *a ainsi signé avec le Côte d'Ivoire 15 accords et conventions, dont un accord relatif au transport aérien, une convention fiscale et un accord sur la promotion et la protection réciproque des investissements* » (Marzouk, 2017). La Côte d'Ivoire présente ainsi» un portefeuille de 94 projets (25 milliards de dollars) à financer sur la période 2016/2020 » (*idem*).

Pour accompagner les entrepreneurs tunisiens intéressés par l'ASS et soutenir financièrement leur expansion dans cette dernière, « un nouveau fonds d'investissement Africamen a, aussi, été créé, en octobre 2016 » (Msaed, 2016). Parmi les entreprises qui ont depuis peu fait le pari de l'ASS, il y a entre autres, « *Tunisie Telecom, Service medical international, Souroubat international, Wevioo (Ntic), ST21 (ingénierie), Paulina (agro-industrie, métallurgie et grande distribution) et One Tech Tunisie, etc.* » (Le Bec & Dahmani, 2016).

Par ailleurs, pour rattraper le retard pris par les entrepreneurs tunisiens pour se positionner en ASS, selon le président du directoire d'Amen Bank, une stratégie a été ces deux dernières années adoptée. Elle s'axe sur quatre paliers principaux (*idem*) :

---

[16] Beaucoup d'observateurs soulignent souvent le désintérêt des entrepreneurs tunisiens pour l'ASS en raison de l'ignorance des potentialités de cet espace, certains préjugés dans les liens historiques avec le marché européen (captant 80 % des échanges), la faible présence diplomatique et l'absence de structure de soutien bancaire ou financier aux entrepreneurs.

a) une diplomatie plus active avec l'augmentation du nombre de représentations diplomatiques ; b) la proximité avec le renforcement des dessertes aériennes et maritimes ; c) une bienveillance accueillante vis-à-vis des Africains séjournant en Tunisie pour études, santé, tourisme, affaires ou autres ; enfin, d) une présence financière forte, et dans l'attente de l'implantation de succursales de banques tunisiennes en ASS.

La diplomatie algérienne en ASS : entre immobilisme et absence d'un vrai projet économique

L'Algérie a inscrit sa politique étrangère dans le cadre des orientations africaines et panafricanistes (1969). Certes, à première vue, l'africanité de l'Algérie semblait être affirmée. Mais était-elle portée par un vrai projet économique ? N'était-ce au contraire seul le discours politique et diplomatique prévalait ?

L'approche africaine de la DE algérienne

C'est en 2003, deux ans après l'adoption du NEPAD par l'UA que la stratégie africaine de la DE algérienne voit le jour. L'implication des entreprises privées dans la conquête de l'ASS semble ainsi intéresser la DE algérienne mais tout en l'inscrivant dans le cadre des orientations du NEPAD. D'où l'importance, en effet, de chercher à savoir si les entrepreneurs algériens étaient-ils prêts à se lancer dans cette aventure africaine et à suivre ces nouvelles orientations de la politique étrangère du pays ?

Un grand tournant a été entamé dès le début des années 2000, suivi par des changements opérés en 2008 (JORA, 2008) portant sur l'organisation de l'administration centrale du ministère des Affaires étrangères (MAE).

La Chambre Algérienne de Commerce et d'Industrie (CACI), CAGEX (Compagnie Algérienne Assurance et de Garantie des EXportations, ALGEX (Agence Nationale de Promotion des Exportations), ANEXAL (Association Nationale des Exportateurs ALgériens), sont autant d'organismes non gouvernementaux qui ont été par ailleurs crées pour promouvoir les exportations algériennes et hisser les échanges commerciaux avec les partenaires étrangers.

Réalisations de la DE algérienne en Afrique subsaharienne

Après plus de cinq décennies, comme en témoignera notre analyse ci-dessous, l'Algérie n'étant pour ainsi dire pas présente en ASS. Les exportations algériennes hors hydrocarbures n'y figurent quasiment pas. Les investissements algériens en ASS, même dans le secteur de l'énergie là où une expérience semble avoir été capitalisée, n'ont pas été exploités.

Sur la période 2000-2016, le volume des exportations a atteint 1 781 millions de dollars alors que les importations 4 353 millions de dollars[17]. L'Algérie enregistre ainsi sur toute la période un déficit commercial de 2 572 millions de dollars. Les principaux partenaires de l'Algérie étaient l'Afrique du Sud, la Côte d'Ivoire et le Nigeria.

Les principaux produits importés par l'Algérie durant cette période sont l'alimentation (Cacao, Café), les équipements agricoles et industriels, alors que les exportations restent dominées par les énergies, lubrifiants et produits bruts. En termes d'exportations hors hydrocarbures, les performances de l'Algérie demeurent faibles et insignifiantes.

Selon les données du Centre National de l'Information et des Statistiques (CNIS, 2017), la valeur globale des exportations algériennes vers l'ASS, « *n'a guère dépassé les 42 millions de dollars en 2016, soit à peine 0,25 % de l'ensemble des exportations vers le reste du monde* », toujours dominées par les exportations des dérivées d'hydrocarbures, excepté le sucre. Au volet des importations, la valeur des échanges avec l'ASS reste également des plus faibles, « *soit de quelque 187 millions de dollars entre janvier et septembre 2016, contre 288 millions de dollars durant les neuf premiers mois de 2015* » (*idem*). Tel que classé par régions économiques avec lesquelles l'Algérie commerce à travers le monde, le continent africain arrive en bas

[17] Chiffres calculés d'après les données des rapports CNIS, 2015, 2016, 2017.

de liste, tant à l'exportation qu'à l'importation, loin derrière les pays de l'UE.

Si elles sont si faibles et marginales les exportations algériennes hors hydrocarbures vers l'ASS, le pire est à signaler du côté du secteur privé qui est insignifiant et peine à se positionner en ASS, à l'exception de quelques entreprises leaders qui se compte sur le bout des doigts, à savoir : les groupes Cevital, Benamor (agroalimentaire), Knauf, SIM (semoulerie), IFRI (eau), Vita Jus et Hamoud Boualem (dans les boissons gazeuses).

Ceci dit, le capital politique dont bénéficie l'Algérie n'étant pas pour ainsi dire suivi ni par la croissance de ses exportations ni par le positionnement d'entreprises algériennes en ASS[18]. Cette dernière ne se souvient plus de l'Algérie d'autrefois qu'à travers « ses sonorités politiques et diplomatiques » (Mebtoul, 2016). En effet, en vue d'analyser l'importance de la diplomatie dans l'économie, il est important de savoir pourquoi les investisseurs algériens sont quasi absents de l'espace économique d'ASS qui, pourtant recelant tant d'atouts et d'opportunités dans de divers secteurs (agro-industrie, bâtiments, etc.) ? Qu'en est-il, le cas échéant, du rôle potentiel de la DE algérienne ?

Le secteur privé, un véritable relais de la DE algérienne ratée

On relève que les réalisations économiques de la diplomatie algérienne dans le cadre de sa stratégie orientation Afrique sont modestes et marginales. Par conséquent, on distingue plusieurs aspects fondamentaux au niveau de la stratégie de diversification des exportations et d'accompagnement des entrepreneurs

[18] En dépit du positionnement de l'entreprise publique SONATRACH avec sa filiale SIPEX (SONATRACH International Petroleum Exploration & Production), créée 1999, qui a acquis des blocs en en Mauritanie et Mali (Taoudeni) ainsi qu'au Niger (Kufra), en Libye, ses investissements en ASS sont relativement modestes. Ainsi, aucun forage n'a été effectué en 12 ans au Niger, mais le contrat n'a pas été résilié pour des raisons d'influence géopolitiques dans la région du Sahel (Augé, 2017, p. 12).

algériens dans le cadre de leur positionnement en ASS, qui pourraient expliquer cette défaillance de la DE algérienne.

Déficit de communication institutionnelle et absence de culture de voyage d'affaires : comparativement au Maroc, on ne constate que la quasi-absence de visites d'État et l'indisponibilité du président impacte le fonctionnement de l'État et la politique étrangère de l'Algérie sur les forums internationaux. Le président algérien n'a jamais entrepris de voyage officiel en ASS. De plus, l'effacement des dettes[19] de la plupart des pays subsahariens qui s'inscrit dans le cadre de la solidarité africaine était sans contrepartie économique. Alors que de nombreux observateurs considèrent que cet argent aurait pu être reconverti en investissement. Conjugué avec une absence de communication institutionnelle qui, pour paraphraser Ould Noueigued, le PDG de la Banque Nationale de la Mauritanie « seuls les ministères de ces pays africains savent que l'Algérie a fait ce geste » (Benchiba, 2017).

Absence de culture de lobbying, manque de réactivité ou d'accès à l'information

Toutes les ambassades de l'Algérie à l'étranger n'ont pas de sections économiques. Certains acteurs économiques posent souvent le rôle attribué à ces missions. Les opérateurs économiques tendent souvent à reconnaître un manquement des représentations diplomatiques, notamment, sur le plan information à l'étranger (les marchés, le climat des affaires, les difficultés (le risque pays) et les opportunités.

Pour Ouahab Hamidi, un ancien diplomate, l'une des raisons de la défaillance de la DE algérienne est « l'absence d'une culture de lobbying et du réseautage » (Berkouk, 2014, p. 24). Les clubs d'affaires sont ainsi inexistants en ASS autant que les associations et autres groupements censés promouvoir l'image de l'Algérie ou mettre en relation les entrepreneurs algériens et africains. Les exportateurs algériens reprochent souvent aux

[19] L'Algérie a annulé, en mars 2013, des dettes pour un montant de 902 millions de dollars détenues sur 14 pays membres de l'UA (Abani, 2013).

représentations diplomatiques de ne pas les soutenir dans leur quête des marchés.

L'Algérie « ne dispose pas d'un plan d'émergence économique » (Aliouat, 2016), à l'instar du Maroc, qui donnerait de la lisibilité aux investisseurs locaux et étrangers. Elle a été trop longtemps absente du paysage économique subsaharien, et « elle ne semble pas engagée dans un plan de reconquête par l'image et la représentation » (*idem*). En Algérie, la diplomatie renvoie souvent au domaine des négociations commerciales internationales avec l'OMC et l'UE.

Les entrepreneurs algériens n'ont pas souvent une vision globale intégrant leurs actions d'internationalisation dans le cadre de division régionale de travail. De plus, la possibilité d'investir à l'étranger reste souvent subordonnée à une autorisation de la Banque d'Algérie. Pendant des années, des entrepreneurs (Cevital, NCA etc.), se sont plaints de ces entraves qui empêchent, selon eux, l'Algérie d'accéder aux marchés subsahariens.

Perspectives de positionnement des entreprises algériennes en ASS : les leviers diplomatiques sur lesquels agir

L'Algérie, représentant « 48 % du PIB nord-africain qui ne représente en moyenne que 0,6 % du PIB mondial » (*ibidem*), est appelée à s'insérer dans le cadre de conquête de l'ASS, car les avantages comparatifs futurs de ses entreprises sont dans le continent.

L'ASS devient à ce titre « une nécessité »[20], pour les entrepreneurs algériens qui recherchent des débouchés et des opportunités de développement à l'étranger, d'autant plus qu'aujourd'hui le secteur privé algérien semble s'intéresser davantage à l'ASS. Selon un sondage présenté au Forum africain de l'investissement (2016), 80 % des entrepreneurs algériens voulaient exporter en ASS.

---

[20] Déclaration d'Ali Hadad, le chef de forum des chefs d'entreprise (FCE), lors de sa visite au Mali où il était l'invité d'honneur du Forum de Bamako (Fanucchi, 2017).

La DE aura en effet pour but non seulement de consolider le positionnement de l'Algérie sur les marchés subsahariens, mais également d'informer le secteur privé sur les opportunités bilatérales et régionales offertes, pour l'inciter à pénétrer leur tissu économique pour une visibilité accrue, et au bénéfice des intérêts du pays en ASS.

En s'inscrivant dans le cadre d'approche par les réseaux, deux options peuvent être en effet mentionnées pour faciliter les affaires des investisseurs algériens en ASS. La première est directe à travers les sections économiques installées au niveau des ambassades, la deuxième est indirecte avec l'encouragement de la création d'associations ou de clubs d'affaires en leur offrant un cadre, en leur octroyant des aides pour se développer ou bien par l'organisation de journées régulières pour rapprocher les opérateurs algériens de leurs homologues africains d'une manière régulière et continue.

Privilégier la dimension d'accès aux marchés

Les entreprises, quelle que soit leur taille, ont besoin qu'on leur facilite l'accès aux marchés étrangers. Renforcer la dimension économique dans les visites et entretiens ministériels est, ainsi, fondamental pour avoir un dialogue de haut niveau avec les autorités africaines sur des problèmes réglementaires et d'accès aux marchés. En effet, tout l'enjeu de l'exportation des produits algériens vers l'ASS devrait précisément consister à tirer avantage de la familiarisation avec ces produits (Cevital, Condor, etc.) forgés par la contrebande et l'informel. L'Algérie devrait profiter de cet avantage pour instaurer des réseaux réglementés, animés par des entreprises activant dans la transparence et légalité. Il revient ainsi aux pays concernés de créer les conditions requises pour l'exercice de cette activité (la sécurité, logistique).

Promouvoir l'image Algérie par le développement d'une diplomatie parallèle

Cela nécessitera de progresser dans les techniques de Marketing, de promouvoir les potentialités de pays, d'utiliser outre les leviers de la diplomatie classique, les acteurs de la société civile. L'Algérie a, à ce titre, un nombre très important d'étudiants africains en Algérie, « elle a dû former, depuis 1962, au moins 30 000 cadres africains de haut niveau » (Benalia, 2016, p. 6).

La DE devient un choix stratégique. Aujourd'hui, nul ne peut ignorer que la diplomatie algérienne doit s'activer davantage pour défendre les intérêts économiques du pays. En définitive, il faut renforcer la collaboration entre le MAE avec les institutions économiques du pays, les chefs d'entreprises, la société civile, les conseillers à l'export et même les universités pour finalement créer un réseau adéquat à l'attractivité de l'offre algérienne capable d'entraîner le développement de la diversification des exportations algériennes.

Dans ce jeu de la DE, le Maroc a pris une forte avance par rapport à l'Algérie et la Tunisie. L'offensive diplomatique marocaine relève en effet d'une stratégie de conquête africaine à long terme.

Bien que les relations économiques entre les pays NA et l'ASS aient, ces vingt dernières années, pris un nouvel essor, on observe que les pays NA présentent de nombreuses différences en matière de positionnement de leurs entreprises (privées ou publiques) en ASS, liées à l'intervention de l'État par la DE.

Cependant, la question de la DE en Afrique du Nord, ne cesse de susciter des réactions et intéresse de plus en plus les économies nationales. Celles-ci s'appuient, à l'image de nombreuses économies sur leur diplomatie comme un levier de leur stratégie de développement. Aussi elle est désormais perçue comme une partie intégrante du processus d'élaboration et de la mise en œuvre de la politique étrangère.

Si pendant de longues années les pays NA étaient principalement orientés vers l'Europe en ignorant leurs voisins subsahariens, la fin de décennie 1990 était toutefois marquée par un regain d'intérêt de ces économies pour l'ASS, alors que les économies africaines renouent avec la croissance et que la concurrence se fait de plus en plus rude sur les marchés traditionnels européens. On constate, en outre, que les pays NA adoptent des stratégies fortement différenciées, et ce, en raison de leur politique africaine et du degré de réactivité de leur secteur privé national.

L'approfondissement des relations diplomatiques et économiques est vu comme un outil important de renouer avec les pays du sud. Le Maroc parvient ainsi à mettre en œuvre une véritable DE, associant étroitement les secteurs publics et le secteur privé. Ce dernier est en effet considéré comme un véritable acteur de la diplomatie marocaine en ASS. A l'opposé, l'Algérie développe une politique économique africaine fondamentalement fondée l'énergie et les infrastructures(le transport). Le volume du commerce et l'investissement en ASS étant marginal. Le secteur privé est quasi absent dans la politique de conquête des marchés subsahariens de l'Algérie. La Tunisie n'est pas en reste, elle s'emploie activement à rattraper le retard pris pour développer ses échanges commerciaux et le positionnement de ses entreprises en ASS.

Finalement, cette stratégie de conquête définie et la politique étrangère des pays NA qui semble axée principalement sur le continent ne sont-elles pas l'unique moyen aujourd'hui pour une insertion efficace dans l'économie mondiale ?

Références

Adimi, P. A., 2015, « Nouvelle offensive diplomatique du Maroc en ASS : quel regard ? », *Paix et sécurité internationales, revue maroco-espagnole*, n° 3, pp.109-124.

Afesorgbor, S. K, 2016, « Economic Diplomacy in Africa: The Impact of Regional Integration versus Bilateral Diplomacy on Bilateral Trade », *Economics Working Papers*, Denmark, AARHUS University,

Afesorgbor, S. K; Bergeijk, A. G., 2014, « Mesuring multi-membership in economic integration and its trade impact: a comparative study of ECOWAS and SADC », *South African Journal of Economics, Economic Society of South Africa*, 82(4), pp. 518-530.

Aliouat, B., 2016, « L'Algérie à la conquête de l'Afrique : mythe ou réalité », *AlgerParis*, n° 16, Alger, pp. 38-39.

Amadeus, « Étude partenariat Afrique-Maroc », Think Tank, Rabat, juillet 2014, p.125.

Arbani, A., 2013, « L'Algérie annule la dette de 14 pays africains », *Algérie1*, 29 mai.

Augé, B., 2017, « les stratégies des compagnies nationales pétrolières africaines », *Note de l'IFRI*, Paris, centre énergie.

BAD, 2017, « Tunisie : projet d'appui à la mise en œuvre du plan national stratégique : Tunisie Digitale 2020 ».

Baldé, B., 2017, « Les impressionnants chiffres du Maroc en Afrique », *Les cahiers des ECO-Afrique-Cahier de l'intégration-Coopération*.

Banque Africaine de Développement (BAD), 2015, « Rapport annuel sur le développement en Afrique », p. 364.

Benalia, S., 2016, « l'Algérie a beaucoup fait pour l'Afrique », interview avec le professeur C. Chitour, *L'Expression*, p. 6.

Benchiba, L., 2017, « l'Algérie bat en retraite en Afrique », *Orient XXI Magazine*.

Berahab, R., 2017, « Relation entre le Maroc et l'ASS : quels potentiels pour le commerce et les IDE ? », *Policy Brief*, Rabat, OCP, février, 17(4), p. 10.

Berkouk, S., 2014, « La diplomatie économique algérienne en berne », *El Watan*, 12/05.

Berridge, G. R; James, A., 2003, *A Dictionary of Diplomacy*, Palgrave MacMillan.

Buckely, P. J., Casson, M., 1995, *The Economic Theory of Multinational Enterprise*, New York, St-Martin Press.

Centre de Promotion des Exportations (CEPEX), 2017, « Go Africa with Tunisia export-statistiques Afrique subsaharienne », sur <www.cepex.tn/article/statistiques_Afrique_subsaharienne (10/12/2017).

Centre National de l'Information et Statistiques (CNIS), 2015, *Statistiques du commerce extérieur de l'Algérie*.

Chegrouche, L., 2012, « Nouvelle géopolitique nord-africaine », *Géopolitique, MedEnergie et la Rue de l'énergie*, Paris, pp. 1-15.

CNIS, 2016, *Statistiques du commerce extérieur de l'Algérie*.

CNIS, 2017, *Statistiques du commerce extérieur de l'Algérie*.

Conférences des Nations Unies pour le Commerce et l'Investissement (CNUCED), 2016, *Country Fact Sheet, World Investment Report*.

Diop, M., 2017, « La Tunisie sur les traces du Maroc en Afrique subsaharienne », *le360*, revue électronique, disponible sur <http://www.le360.ma>.

Dunning, J., 1981, « Explaining Outward Direct Investments from Developing Countries: In Support of the Eclectic Theory of International Production », In Kumar, K., McLeod, M., *Multinationals from Developing Countries*, Lexington Books, Toronto.

Dunning, J., 2006, « Towards a New Paradigm of Development : Implications for the Determinants of International Business », *Transnational Corporations*, 15(1).

Dunning, J.-H., Vanhoesel, R., Narula, R., 1996, « Explaining the new wave of outward FDI from developing countries: the case of Taiwan and Korea », *Research Memoranda*, 9, pp. 1-25.

El Ghazali, I., 2016, « Géoéconomie du Maroc Contemporain : 5 caractéristiques majeures », Blog de ESCA École de Management, 09/03.

El HoudAigui, R., 2010, *La politique étrangère de Mohammed VI ou la renaissance d'une puissance relationnelle*, Paris, Karthala.

Ernst Young (EY), 2016, *Africa Attractiveness Program*.

Fanucchi, B., 2017, « Au Forum de Bamako : l'Algérie des entrepreneurs se lance à la conquête du marché africain », *La Tribune*, 01/03.

Hlaoui, N., 2017, « la Tunisie africaine, renforcer l'ancrage au continent », *Le Temps*, p. 26.

Hugon, P., 2017, « Le retour du Maroc au sein de l'Union africaine et son adhésion à la CEDEAO : quelles conséquences pour les ensembles régionaux ? », *Tribune, IRIS*, pp. 1-7.

Johansson, J.; Mattsson, L., 1988, « Internationalization in Industrial Systems – A Network Approach », *Strategies in Global Competition Selected Papers from the Prince Bertil Symposium*, Londres, Croom Helm, pp. 287-314.

Johansson, J.; Vahlne, J., 2009, « The Uppsala internationalization process model revisited: From liability of foreignness to liability of outsidership », *Journal of International Business Studies*, 40(9), pp. 1411-1431.

Journal officiel de la République algérienne (JORA), 2008, n° 29, Décret présidentiel du 4 juin 2008.

Kateb, A., 2011, « La diplomatie économique des nouvelles puissances », *Revue géoéconomie*, éditions Choiseul, 56, pp. 87-96.

Kessler, M. C., 1999, *La Politique étrangère de la France. Acteurs et processus*, Paris, Presses de Sciences Po.

La Rose, K., 2007, « The Foreign Service and Foreign Trade: Embassies as Export Promotion », New York, *The World Economy*, 30(1), pp. 22-38.

Lamlili, N., 2017, « Maroc-Afrique : la diplomatie économique de Mohammed VI », *Jeune Afrique*.

Le Bec, C., Dahmani, F., 2016, « Business : ces Tunisiens qui montrent la voie en ASS », *Jeune Afrique*.

Lee, D., Hudson, D., 20004, « The old and the new significance of political economy in diplomacy », *Review of International Studies*, 30, pp. 343-360.

Lorot, P., 1996, « La géoéconomie, nouvelle grammaire des rivalités internationales », *Geoeconomie*, sur <http://www.diplomatie.gouv .fr/pdf> (12/11/2017).

Marzouk, H., 2017, « Afrique : 52 entreprises tunisiennes présentes en Côte d'Ivoire », *L'Économiste maghrébin*.

Mebtoul, A., 2016, « Forum d'affaires Algéro-africain à Alger : L'avenir de l'Algérie se situe en Afrique », *Algérie1*.

Ministère de l'Économie et la Finance (MEF), 2017, *Relations Maroc-Afrique : l'ambition d'une nouvelle frontière*, *Rapport annuel*, Maroc.

Ministère de la communication tunisien (MINCOM), 2014, Portail des technologies de la communication et de l'économie numérique, sur <http://www.mincom.tn/index.php?id=1570>.

Ministère des Affaires Étrangères et de la Coopération Internationale (MAECI), 2013, Message de Roi du Maroc prononcé à la 1ère conférence des Ambassadeurs de SM le Roi, à Rabat sur <www.maroc.ma/fr/discousr-royaux/le-souverain-adresse-un-message-la-1ere-conference-des-ambassadeurs-de-sm-le-roi>.

Moons, S. J.; Van Bergeijk, P., 2016, *Does Economic Diplomacy Work ? A Meta-analysis of Its Impact on Trade and Investment*, New York, John Wiley & Sons.

Moubarack, Lo., 2016, « Structure des échanges entre le Maroc et l'Afrique : Une analyse de la spécialisation du commerce », *OCP Policy Center*, Rabat.

Msaed, W., 2017, « Africa Amen pour accompagner les entreprises tunisiennes en Afrique », *Kapitalis*, sur <http://www.kapitalis.com> (15/11/2017).

Organisation des Nations Unies (ONU), 2017, « Perspectives de la population mondiale : révision de 2017 », Département des affaires économiques et sociales.

Penrose, E., 1959, *Theory of the Growth of the Firm*, John Wiley & Sons, New York.

Prahalad, C., Hamel, G., 1990, « The Core Competence of the Corporation », *Harvard Business Review*, 90(3), pp. 79-91.

Rais, M., 2013, « Maroc : nouvelle orientation de diplomatie pour plus d'efficience », *Journal international*.

Sim, A.-B., Pandian, R., 2003, « Emerging Asian MNEs and their Internationalization Strategies: Case Studies Evidence from Taiwanese and Singaporean Firms », *Asia Pacific Journal of Management*, 20, pp. 27-50.

Teece, D., Pisano, G.; Shuen, A., 1997, « Dynamic Capabilities and Strategic Management », *Strategic Management Journal*, 18(7), pp. 509-533.

UNICEF, 2016, « Génération 2030 Afrique 2.0 : favoriser les investissements dans l'enfance pour bénéficier du dividende démographique », résumé exécutif, p. 12.

Van Bergeijk, P., 2009, *Economic Diplomacy and the Geography of International Trade*, Londres, Edward Elgar Publishing.

Van Bergeijk, P., 2011, « Economic diplomacy: The issue », *The Hague Journal of Diplomacy*, 6(1-2), pp. 1-6.

Yakop, M; Van Bergeijk, P., 2011, « Economic diplomacy, trade and developing countries », *Cambridge Journal of Regions, Economy and Society*, 4(2), pp. 253-267.

El Hadi Guesmia *est doctorant et maître-assistant, Université de Tizi Ouzou, Algérie.*

Belaid Abrika *est maître de conférences habilité, Université de Tizi Ouzou, Algérie, chercheur associé au CEMOTEV (UVSQ).*

Lagha Chegrouche *est docteur habilité, chercheur à l'Université Paris I et directeur du Centre d'études nord-africaines (CENA).*

Chapitre 3

La diplomatie des supranationales dans le management des ressources humaines

Jana Marasová, Anna Vallušová & Žaneta Lacová[21]

Résumé : *Parallèlement à la diplomatie économique des États se développe la diplomatie d'entreprise qui forme et détermine les rapports des entreprises avec leurs fournisseurs, employés et avec d'autres parties prenantes. C'est un processus complexe dont la compréhension et l'application exigent de longues expériences. Cette diplomatie devient impérative pour chaque entreprise opérant sur le marché international ou essayant d'y pénétrer. On l'identifie entre autres dans les sociétés supranationales où elle se manifeste dans différents domaines de rapports qu'ont les sièges de ces sociétés avec leurs filiales. Notre communication vise les pratiques diplomatiques en management des Ressources Humaines (RH) que nous avons pu identifier pendant une récente enquête auprès de trois filiales des multinationales installées en Slovaquie. Ces pratiques portent sur l'intégration du contexte culturel local au fonctionnement opérationnel et au développement stratégique des sociétés, et se manifestent surtout au niveau de l'identité d'entreprise, des activités liées à la Responsabilité Sociétale des Entreprises (RSE) ainsi qu'au niveau du management motivant et de la communication.*

Mots clés : *Diplomatie d'entreprise – Sociétés supranationales – Filiale – Ressources humaines – Management – Valeurs d'entreprise.*

---

[21] Ce chapitre est issu du projet scientifique 1/0905/16 ; « La mise en place des nouvelles tendances progressives en GRH dans l'environnement des anciennes économies planifiées ».

Dans notre monde contemporain vulnérable et en mouvement permanent où les individus, différents agents et groupes, et même des nations entières s'opposent fréquemment, seule une attitude diplomatique a une chance d'aboutir à des solutions en forme des consensus, acceptables pour les parties prenantes. Ainsi, la diplomatie est devenue universelle et omniprésente. En partant de ce constat, nous nous concentrons dans notre contribution sur l'approche diplomatique dans le milieu entrepreneurial, plus précisément celle entre les sociétés maternelles et leurs filiales. Notre étude repose sur trois cas d'entreprises – filiales, où dans un premier temps, nous identifions des manifestations diplomatiques liées aux activités du management des RH, et dans un deuxième temps, nous montrons des limites de l'approche diplomatique sur le plan des valeurs et de la culture d'entreprise.

De la diplomatie traditionnelle à la diplomatie d'entreprise

La diplomatie est l'une des manifestations les plus anciennes de la culture humaine. Selon certains, elle remonte au 4e siècle av. J.-C. en Chine où elle se rapportait à la sélection des messagers les plus compétents et les plus dévoués à leurs souverains. En tant que domaine professionnel, reposant sur les traditions romaines, elle s'est développée notamment dans l'Empire byzantin qui, entouré des tribus offensives, avait besoin de les pacifier et de les motiver à coopérer. La cour de cet empire accueillait de nombreux ambassadeurs des pays d'Europe, d'Asie et d'Afrique où leurs audiences étaient soumises à des procédures compliquées et pompeuses. Des événements diplomatiques sont enregistrés également sur les papyrus babyloniens et égyptiens. La cour du pape a beaucoup contribué à la propagation des principes et méthodes de la diplomatie romaine dans le monde. La position dominante du pape en Europe politique médiévale a progressivement conduit à une position privilégiée de ses ambassadeurs dans la diplomatie de différents États. Au 15e siècle, les premières structures destinées à des affaires étrangères sont créées en Europe et l'emploi du diplomate se repend dans le monde à partir du 18e siècle. Le terme *diploma* est d'origine grecque.

Ainsi, la notion de diplomatie dans son sens politique traditionnel comprend une gestion des relations internationales, les méthodes qui y sont utilisées, les capacités et l'intelligence des individus de gérer ces relations, ainsi que le métier de ces derniers lui-même. La diplomatie constitue un art de défendre ou d'imposer ses propres intérêts d'une manière acceptable pour les parties prenantes. De nos jours, la diplomatie possède de nombreux instruments et se manifeste à plusieurs niveaux de la vie, dont le niveau économique.

Selon Kejhová (2016), la diplomatie économique est devenue partie intégrante et courante de la mission et des activités diplomatiques des ambassades. Ces dernières aident les entreprises de leurs pays à trouver des opportunités entrepreneuriales à l'étranger et à y réaliser leurs intérêts soit par une voie politique soit sous forme d'une assistance professionnelle. Ainsi, les États et leurs ministères des affaires étrangères restent acteurs principaux de la diplomatie économique d'autant plus intensive que l'économie est devenue multipolaire et globalisée. Cependant, il ne s'agit plus uniquement d'organiser des séminaires pour les chefs d'entreprises, leur fournir des conseils ou les faire participer à des visites gouvernementales à l'étranger. La diplomatie économique consiste en la pleine intégration des affaires économiques aux missions diplomatiques des pays. Pour Kaššay (2014), la diplomatie économique et celle d'entreprise sont étroitement liées par une symbiose qui permet d'une part de contribuer à une bonne réputation d'un pays, et d'autre part, de faire connaître les produits et services de ses entreprises.

La diplomatie dans le monde des affaires, appelée donc la diplomatie d'entreprise, peut être caractérisée comme une fonction stratégique de l'entreprise qui s'inspire de celle des États et qui comprend la conception, la représentation, la négociation et les prévisions, les processus ressemblant, notamment dans des supranationales, à des activités du Ministère des Affaires étrangères (Dungan & Simonneau, 2015). Steiger (2003) considère la diplomatie d'entreprise comme une gestion systématique et professionnelle du milieu entrepreneurial dont l'objectif consiste à rendre les activités de l'entreprise fluides et adaptées aux attentes de la société. L'auteur attire l'attention sur le fait que les entreprises contemporaines font face à une disparition des frontières géographiques, mais également de celles entre elles-mêmes et la société. Les rapports avec cette dernière sont souvent si compliqués qu'ils rendent la responsabilité dans de nombreux cas flous et la confiance affaiblie. De ce point de vue, la diplomatie d'entreprise est une conception des relations publiques insistant sur une communication intense entre toutes les parties prenantes. Lucas (2012a) prétend que réfléchir à la façon de chercher des meilleures synergies entre le public et le privé devient une problématique majeure.

Mirvis *et al.* (2014) insistent sur le besoin d'une communication transparente de la part de l'entreprise, et constatent que les managers ont un rôle des diplomates à l'écoute de leurs *stakeholders* et à la recherche des solutions réciproquement acceptables. La diplomatie d'entreprise constitue un management d'interface, d'un espace commun entre l'entreprise et ses homologues où il devient essentiel de prendre compte des attitudes différentes, de discuter la différence et de l'utiliser comme une opportunité pour trouver des compromis (Ruël, 2013). Cela conduit à bâtir la confiance que Goodman (2006) considère comme l'objectif clé de la diplomatie d'entreprise. Saner (2000) énumère d'autres objectifs de la diplomatie dans les affaires qui consistent à :

- Influer sur les acteurs économiques et sociaux pour créer de nouvelles opportunités entrepreneuriales ;
- Coopérer avec des institutions supranationales pour une mise en place des règles de l'entrepreneuriat sur le plan international ;
- Éviter des conflits entre les *stakeholders* ;
- Profiter des forums internationaux et des canaux de communication pour renforcer l'image de l'entreprise et sa réputation.

Pour Lucas (2012b), la diplomatie d'entreprise recouvre une vision stratégique, contribue à renforcer les capacités concurrentielles de l'entreprise par le biais de la croissance de ses performances. Il insiste sur la proactivité de l'entreprise, d'une part face à la concurrence et aux autres acteurs, d'autre part face à une évolution perturbante de l'environnement. L'auteur souligne également l'importance de la connaissance et de la pratique de la géopolitique dans la diplomatie d'entreprise. C'est plus qu'évident pour les grandes sociétés multinationales, mais c'est un enjeu considérable aussi pour les PME, car la géopolitique concourt à une ouverture des esprits et à un élargissement du champ de réflexion. Elle oblige les managers de se confronter en permanence à la diversité et complexité du monde ce qui représente de nombreux risques, certes, mais des opportunités également. Elle les conduit à penser à long terme : « La diplomatie d'entreprise transcende littéralement l'ensemble des métiers et des actions, » affirme l'auteur. Ainsi, devenir diplomate de son entreprise est un métier d'avenir pour un manager.

Le rôle des diplomates d'entreprise est abordé et analysé par plusieurs auteurs. Selon London (1999), ces derniers prennent la responsabilité d'eux-mêmes, de leurs collaborateurs et des autres, défendent les intérêts entrepreneuriaux de leurs établissements et cherchent à coopérer avec des parties prenantes dont la vision des choses est différente, voire opposée. De nos jours, on pourrait ajouter qu'il ne suffit plus de défendre les positions de son entreprise, mais qu'il faut passer du défensif à l'offensif, avec de l'esprit de la diplomatie, le terme qu'emploie De Raymond (2015).

La diplomatie d'entreprise dans le management des RH

En partant de l'appui théorique existant, des ressources disponibles du milieu entrepreneurial, ainsi que de nos propres entretiens avec les managers de trois filiales des multinationales installées en Slovaquie, nous avons tâché d'identifier des pratiques diplomatiques dans le management des ressources humaines, leurs points forts et faibles, ainsi que leurs perspectives. Les entretiens ont été réalisés dans les sociétés Veolia, Continental et Dell. Il s'agit des filiales des sociétés qui sont orientées depuis des années vers l'international sur tous les plans – la production, l'exportation et la gestion, et qui ont par conséquent des expériences considérables avec du fonctionnement dans différents milieux socioculturels, avec des avantages et des difficultés qui en résultent.

Le groupe Veolia Slovensko a deux branches dont Veolia Energia et Veolia Voda. Veolia Energia est depuis 2015 successeur de la société Dalkia après que cette dernière s'est intégrée à la Veolia sur le plan international. Elle assume la production d'électricité, des services énergétiques, le chauffage et la distribution de l'eau chaude à presque 100 000 ménages dans une trentaine de villes et de communes, est prestataire des services de soutien à une soixantaine de clients industriels, réalise des projets concernant l'efficacité énergétique et emploie plus de 800 cents employés. Veolia Voda est un fournisseur important de l'eau potable et des services de canalisation. C'est un spécialiste en outsourcing des services liés à la production et à la distribution de l'eau d'une part, et au traitement des eaux usées pour les municipalités, des partenaires industriels ou des clients différents d'autre part. Veolia Voda emploie sur le territoire slovaque presque 2 000 personnes.

La société Continental Automotive Systems Slovakia est une filiale du konzern Continental qui fabrique des freins, des systèmes de freinage et d'autres composants à plusieurs types de véhicules à moteur pour l'industrie automobile dans le monde entier. Elle s'est installée en Slovaquie centrale, à Zvolen, en 2006 et y a démarré avec 180 employés. Aujourd'hui, son effectif varie autour de 1 300. Le service de R&D représente une composante importante de la filiale. Il assume toutes les fonctions liées au développement d'un nouveau produit – construction, simulations, tests statiques et dynamiques, architecture SW. Leur réalisation est garantie par 200 spécialistes de ce service.

Dell de Bratislava est la filiale slovaque de la société internationale Dell. Elle a commencé ses activités en 2003 où un centre commercial a été créé, orienté vers la clientèle parlant l'allemand. Depuis 2004, ce centre a subi plusieurs transformations grâce auxquelles cette filiale est devenue une centrale financière pour l'Europe, l'Afrique et le Proche Orient (région EMEA). Son objet d'activité repose sur la prestation d'une large gamme de services en management financier, marketing et business opérations. L'effectif de Dell s'élève à 1 400 employés ce qui constitue un potentiel du capital humain considérable.

L'objectif de nos entretiens avec plusieurs managers de ces trois filiales en Slovaquie consistait à identifier des tendances progressives en management des RH, y compris la diplomatie d'entreprise, dans le milieu des anciennes économies planifiées, les tendances véhiculées et développées le plus souvent par les sociétés étrangères. Au début du processus de transformation, surtout au cours des années 1990, il arrivait à ces dernières d'introduire plus ou moins automatiquement leurs pratiques courantes de gestion du capital humain dans les entreprises de cette région, auxquelles ni les mentalités ni le cadre institutionnel n'étaient prêts (Kika, 2011). Par conséquent, cela a provoqué des animosités, conflits et des départs souvent douloureux des employés ou des managers locaux. Il s'avère intéressant et utile d'étudier presque une trentaine d'années plus tard, en quoi les pratiques et les tendances de la GRH sont devenues différentes et plus adaptées au contexte social et culturel des pays postcommunistes. Pour mieux saisir l'évolution en la matière, nous avons visé les relations entre les sièges des sociétés supranationales et leurs filiales en Slovaquie, afin de comprendre à quel point une attitude diplomatique des sièges accorde aux managements locaux de l'espace de liberté décisionnelle.

Les manifestations concrètes de la gestion diplomatique

Sur le plan des relations siège-filiale, la diplomatie d'entreprise peut donc se réaliser par l'intermédiaire d'une marge de manœuvre accordée aux managers de la filiale dans leurs processus décisionnels et leurs pratiques de gestion, y compris la gestion du personnel. Une telle approche repose d'une part sur la confiance envers ces managers locaux et leurs compétences, et d'autre part, sur un respect du contexte économique, social et culturel que ces derniers connaissent bien et savent l'exploiter au profit d'un fonctionnement efficace de la filiale. Dans toutes les trois filiales observées, l'attitude diplomatique de leurs sièges et ses fruits se manifestent sur le plan de l'identité de l'entreprise et son engagement en matière de la responsabilité sociétale et de la pratique d'un management motivant et l'accent sur l'importance de la communication.

L'identité de l'entreprise et sa responsabilité sociétale

En ce qui concerne la perception d'identité de l'entreprise, un sentiment d'appartenance à une société qui a sa culture, ses valeurs et une renommée certaine s'est clairement manifesté pendant nos entretiens. La « carte d'identité », comme l'appelle Liger (2005, p. 44), de ces sociétés est bien connue par leurs employés. Elle est perçue non seulement grâce au logo ou aux couleurs des locaux, mais surtout par l'intermédiaire de leurs objets d'activité, des métiers exercés, des technologies de pointe, des procédés techniques utilisés et d'un savoir-faire en évolution permanente. Un sentiment de satisfaction voire de fierté a été facilement identifié chez les managers interviewés. L'identité d'entreprise est porteuse de crédibilité de ses produits et services, créatrice des liens parmi les travailleurs, mais également avec des clients, et empreint sa marque à la réputation d'entreprise. Certes, comme il s'agit des trois sociétés connues dans le monde entier, leur identité a précédé leur arrivée sur le territoire slovaque. Cependant, si elle n'était pas nourrie et renforcée en permanence au sein des filiales elles-mêmes, en tant qu'élément fondateur de toute stratégie de ces sociétés, elle ne resterait pas si présente dans l'esprit de leur management ou celui de leurs salariés. Les « cartes d'identité » de nos sociétés étudiées portent les marques de la diplomatie parce qu'elles sont présentées par les sièges, et perçues par les travailleurs des filiales plus qu'une opportunité ou un défi qu'un impératif ou une nécessité à respecter. Face à un défi, l'homme est libre à le saisir, et sa décision de le faire donne à son engagement beaucoup plus d'authenticité. L'identité de ces sociétés s'adresse à leur personnel par leur histoire, les principes sur lesquelles elles sont nées, la culture qu'elles développent et les visions qu'elles tâchent de réaliser. Les managers des RH des filiales nous ont avoué être plus attentifs à une sensibilité à l'identité de leurs sociétés chez les candidats à l'emploi qu'aux compétences de ceux-ci. On peut apprendre assez rapidement à maîtriser une compétence, mais adhérer véritablement à l'identité d'une organisation s'avère beaucoup plus complexe.

Aux composantes énumérées de l'identité d'entreprise, il faut ajouter un comportement responsable de cette dernière envers la société citoyenne. Depuis le début du nouveau millénaire, la conception de la responsabilité sociétale de l'entreprise (RSE) est devenue l'objet d'une recherche assez intense au sein des universités des anciennes économies planifiées et la problématique commence à être relativement bien connue dans leur milieu entrepreneurial.

Tout de même, comme le constate Koleva (2009, p. 6-7), la recherche dans cette région géographique présente certaines faiblesses. D'abord celle que les auteurs se limitent souvent à observer et à décrire des pratiques concrètes des entreprises à un instant donné, sans s'interroger sur les circonstances de leur inauguration et les conditions de leur évolution. Ensuite, les études réalisées visent peu, de façon conceptuelle, le rôle des entreprises dans le développement durable. En nous appuyant sur certaines de nos observations du tissu entrepreneurial en Europe centrale, ainsi que sur nos entretiens avec les managers de Veolia, Continental et Dell, il nous semble pouvoir prétendre que parfois, les lacunes dans les recherches mentionnées sont comblées par les entreprises elles-mêmes. Par celles qui témoignent une continuité et une évolution progressive de leurs pratiques en matière de la RSE et qui ont accepté leurs devoirs incontestables face au développement durable.

L'adhésion de nos trois sociétés à la conception de la RSE contribue beaucoup à renforcer leurs identités et fait partie de leurs valeurs. Cet engagement officiel est visible à première vue autant sur les sites des sièges que sur ceux des filiales. Fidèles à leur attitude diplomatique, les sièges laissent la main libre au management local pour soutenir les activités les plus appropriées du point de vue des besoins de l'environnement dans lequel les filiales opèrent, mais également en fonction de l'initiative provenant des employés. Par conséquent, considérant les trois piliers traditionnels de la RSE, l'un ou l'autre est privilégié ou valorisé.

Chez Veolia, c'est naturellement le pilier environnemental, lié directement à son objet d'activité. La société investit beaucoup dans les technologies de pointe, efficaces sur le plan énergétique, et contribue au développement de l'économie circulaire, en utilisant à la fabrication du gaz la biomasse provenant des déchets communaux. À cet objectif, Veolia installe des chaudières de haute performance à la production de la chaleur, exploite les installations à cycle combiné (CHP combined heat-power stations) de la production d'électricité ainsi que des équipements modernes au traitement des eaux. Le management perçoit de plus en plus la prestation de l'énergie et de l'eau comme un service public, et y adapte son comportement envers ses clients, ses partenaires, les autorités législatives et les associations professionnelles. Sa participation aux activités de ces associations contribue à une formation du milieu entrepreneurial du pays, de même que ses négociations avec les organes législatifs qui ne voient pas toujours en amont des conséquences potentielles de telle ou telle mesure, notamment leur impact sur la vie des citoyens. De ce point de vue, en tant qu'une grande société, elle considère comme son obligation de rappeler certains faits à différents acteurs ou d'émettre ses objections à des changements législatifs envisagés. Elle constitue un contrepoids au pouvoir public, en étant gardienne des intérêts des citoyens.

Chez Continental, le pilier environnemental est, dans ses pratiques sociétalement responsables également important, mais le pilier social a du même poids. Il faut chercher des moyens de réduire la monotonie de certains postes de travail (par le biais des *job rotation*, *job sharing* ou de l'adhésion des employés à certains projets), du bruit lié à d'autres, de tâcher d'équilibrer la vie privée et professionnelle des employés. Sur ce dernier point, les managers des RH perçoivent une évolution générationnelle considérable. Les jeunes sont exigeantes et pas faciles à gérer. Ils ont leur conception du monde où « tout est possible » et veulent en profiter. En effet, de nos jours, le marché du travail comprend quatre générations (X, Y, Z et Milléniums entrants) avec des visions de la vie au travail souvent opposées à sa conception traditionnelle, tout de même, chacune de ces visions est justifiée. Apprendre la jeune génération à dialoguer représente un grand défi pour le management des RH. Cependant, l'activité principale de ces managers consiste à développer les carrières des employés et leur savoir-faire. On insiste à ce que les managers de ligne ne laissent pas passer un talent inaperçu et que les conditions du développement des compétences soient créées constamment. Le Talent management fonctionne en cycles annuels et le rôle du leader y devient crucial.

Quant à la RSE chez Dell, elle est également orientée vers sa composante sociale, avec l'employé au centre de ses préoccupations. Les perspectives d'un épanouissement personnel et professionnel des employés s'affichent « sans limite », a affirmé le manager interrogé. Cette opportunité est sans aucun doute liée d'une part à l'objet d'activité de Dell dans le secteur des technologies d'information et de communication, et d'autre part à la jeunesse de son personnel. L'âge moyen des travailleurs de 34 ans contribue à un cadre de travail en mouvement perpétuel, en une évolution constante et une mobilisation systématique de tous, ce qu'évoquent Archier et Sérieyx (2000, p. 56, 73) et ce qui est typique de la culture d'entreprise américaine. Chaque employé est responsable du développement de sa carrière dans le sens « en quoi je suis le meilleur ». Le travail est vécu beaucoup plus comme l'instrument d'autoréalisation et d'accomplissement qu'un moyen de survie. Le rôle du manager ne consiste pas à gérer les employés, mais plutôt à manager les conditions de travail afin que leur société autant qu'eux-mêmes puissent tirer parti de leur potentiel et compétences de la manière la plus efficace possible.

Ces exemples en matière de la RSE confirment que pour développer des relations réciproquement bénéfiques entre une entreprise, ses employés et la société citoyenne, il ne faut pas oublier que chaque employé devient citoyen en sortant de son bureau ou de son atelier, deux exigences sont à satisfaire : une tendance cohérente et visible de l'entreprise dans son ensemble qui serait déterminée par sa stratégie et sa culture, mais également une responsabilité personnelle de chaque individu, autant au poste d'un manager que d'un simple employé. Il s'agit d'une harmonisation de la responsabilité d'un agent moral collectif avec celle d'un individu (Vallušová, 2016, p. 27).

Le management motivant et la communication

Les managers des filiales, imprégnés d'approche diplomatique de la part de leurs sièges, rendent la confiance à ces derniers, en adoptant plus ou moins intuitivement la même attitude envers leurs employés. Par un engagement personnel et professionnel ils se concentrent sur la motivation, voire mobilisation du personnel, et sur la communication interne et externe.

Gélinier (1990) a expliqué les principes d'un management motivant à l'aide de six théorèmes qui, nous en sommes convaincus, ont la même importance presque 30 ans plus tard. Dans nos filiales étudiées, nous avons pu identifier assez facilement l'application des trois théorèmes suivants.

La plupart de décisions ou actions de changement sont menées de façon participative avec les intéressés directs.

Il faut croire qu'avec un changement de générations d'une part, et avec un style de gestion démocratique, le management des filiales a su progressivement modifier l'attitude des employés, typique de la majorité des entreprises postcommunistes qui y a persisté assez longtemps. Elle était une conséquence lourde d'une gestion autoritaire de plusieurs décennies qui se manifestait par un manque d'initiative et de création de la part du personnel, craintif de prendre des responsabilités quelconques. Selon les managers interviewés chez Continental, cette attitude héritée de l'ancien régime est en voie de disparition. Cependant, la vitesse de l'évolution dépend largement de la « tête », donc des gestionnaires. Si ces derniers préfèrent un style de management autoritaire, au fur et à mesure de l'appliquer, les employés s'y adaptent et apprennent à profiter de certains avantages qu'il représente. Au contraire, si les patrons exposent le fond des problèmes existants dans l'entreprise, les enjeux des solutions possibles, et s'ils « provoquent » leurs subordonnés à prendre l'initiative, à s'exprimer et à communiquer leur vision de choses à chaque étape du processus décisionnel, leur management devient vraiment participatif et acquiert un pouvoir de dégager les énergies et le dynamisme dont l'existence dans l'entreprise on ne connaissait même pas. Ces forces auront des effets multiples, car elles pourront conduire à des consensus recherchés depuis longtemps, à des perspectives jusqu'à présent non envisagées du développement de l'entreprise. Sur le plan de la motivation, elles ont une capacité de libérer l'individu de ses craintes ou préjugés, de le rendre créatif et innovateur. C'est ainsi qu'on pourra définitivement sortir d'une « impuissance apprise » typique d'un système de gestion totalitaire.

Quant au management participatif de Veolia, il s'appuie sur un travail ciblé et individualisé entre les patrons et les employés, notamment du point de vue de leurs perspectives de promotion. Celui de Dell repose sur la conviction que les employés représentent ses clients internes dont les attitudes, opinions et exigences doivent être prises en compte, et dont la satisfaction doit être exploitée au profit du développement de toute la firme.

Le management développe les facteurs subjectifs de motivation dans le travail et aménage celui-ci, dans la mesure du possible, pour respecter les valeurs et la vie personnelle de chacun.

L'application de ce deuxième des théorèmes mentionnés du management motivant reflète au mieux les effets plutôt bénéfiques de la diplomatie des sièges envers leurs filiales d'une part, et l'intégration de cette approche diplomatique par le management local à la gestion de leur personnel d'autre part. Ces managers proviennent pour la plupart du même milieu culturel que leurs employés connaissent les valeurs et les priorités de ces derniers et par conséquent, ils peuvent identifier plus facilement les facteurs subjectifs de leur motivation au travail. Ceux-ci peuvent être très variés et il revient donc aux managers d'en choisir les motivateurs qu'il juge les plus appropriés ou les plus efficaces. À titre d'exemple, Veolia a mis en place un système de bourses dont peuvent profiter les employés s'ils préparent et présentent des projets à caractère environnemental, social ou éducatif, et s'ils participent personnellement à leur réalisation. En dehors d'être un facteur de motivation fort, ce système représente autant un moyen de communication interne qu'externe. Depuis qu'il existe, les employés ont déposé et réalisé plusieurs projets intéressants comme par ex. une exposition sur la vie des abeilles menacée par la pollution ou l'aménagement d'un atelier dans une maison de retraite. Les activités de ce genre résultant d'une initiative autonome, comblent les employés qui les gèrent et y réussissent, ajoutent à leur travail une dose nécessaire de plaisir et cela devient source d'une énergie positive sur les plans personnel et professionnel.

Chez Continental, les managers sont persuadés qu'il est important de posséder une variété de motivateurs, car différents individus répondent à différents facteurs. Ils pensent également que l'importance qu'on attache en général à la motivation financière des employés dans les anciennes économies planifiées est surestimée. Certes, elle est forte, comme elle l'est dans d'autres pays du monde, mais ce n'est pas le seul facteur de leur motivation. Tout dépend de la culture d'entreprise et du style de management. Il se trouve qu'un grand nombre des managers slovaques préfèrent toujours le style directif, voire autoritaire de gestion et la motivation financière qui va avec. Le passage au management participatif ou consultatif prendra du temps.

Les dirigeants communiquent une vision claire des buts généraux avec les enjeux les justifiant et des contributions attendues de chaque équipe ce qui conduit, avec une identification à une entreprise dont on est fier, à une motivation forte.

Pour ce qui est de la communication, elle constitue une assise du management motivant. On a assez longtemps reproché aux managers des entreprises postcommunistes en Europe centrale, y compris en Slovaquie, et c'était légitime, qu'ils aient des difficultés de présenter leurs idées et à communiquer à leurs équipes ou à d'autres acteurs intéressés leur vision du développement des entreprises (Marasová, 2003, p. 261). La raison en était évidente : la planification centrale ne laissait pas d'espace à des démarches individuelles initiatives quelconques et cet héritage, à quelques exceptions, a marqué les mentalités des dirigeants des premières entreprises privées pendant des années. Même si une évolution est évidente depuis, grâce à différents systèmes de formation, le besoin d'une communication efficace reste l'une des préoccupations du milieu managérial, et ce n'est pas seulement dans les entreprises en Europe centrale, mais en Europe en général. Totterdil (2013) range la communication et le dialogue aux domaines de la GRH qui doivent subir une transformation, voire être innovés.

L'application de ce théorème visant une communication motivante chez Veolia, Continental et Dell repose sur plusieurs éléments. Dans leur milieu interne, il s'agit avant tout d'assumer la circulation d'informations valides et utiles, garantir un dialogue social correct, transmettre aux employés les valeurs des sociétés et les stimuler à y faire adhérer, expliquer les objectifs, vision et stratégie des directions ce qui contribue à une compréhension du travail quotidien et lui donne un sens, mais également à une mobilisation de l'ensemble des acteurs pour accomplir des objectifs définis.

Sur le plan externe, la communication est réalisée autant par le management que par les employés, car tous les jours, en quittant leurs bureaux ou ateliers, ils transmettent tout naturellement au monde extérieur leurs impressions, joies et souffrances vécues au travail. Cependant, il revient aux managers d'assumer en permanence une communication concernant les valeurs, la culture et l'identité de l'entreprise. Tous ceux que nous avons interviewés ont souligné l'importance de ce type de communication envers les *stakeholders* et la société citoyenne. Dans ce domaine, l'attitude diplomatique est cruciale. Premièrement de la part des sièges de sociétés qui laissent les managers des filiales décider envers qui, comment et quel message il est important de communiquer et ensuite, de la part des managers eux-mêmes en ce qui concerne le mode et les moyens à choisir dans un concours de circonstances économiques, politiques, sociales et d'autres.

À titre d'exemple, l'une des priorités du management de Veolia en Slovaquie consiste à expliquer à ses clients les avantages d'une distribution centrale du chauffage, car nombreux sont ceux qui veulent que leurs immeubles deviennent indépendants au niveau du chauffage, c. à. d. qu'ils souhaitent avoir leurs propres chaudières. C'est probablement encore une conséquence de l'ancien régime et d'une aversion à tout ce qui est « central ». Ainsi, la communication du management de la filiale repose sur une explication patiente et pertinente sur la sécurité et la fiabilité d'une distribution centrale du chauffage, qui est dans les mains des spécialistes, doit respecter des normes législatives strictes quant aux émissions, et dont les ressources sont également contrôlées. Il s'agit donc d'une garantie écologique élevée, d'un moyen de la qualité de vie qui n'existe pas dans le cas du chauffage individuel dispersé. C'est dans ce sens que Veolia communique par le biais des médias, des associations professionnelles ainsi que par différentes activités écologiques destinées à un large public.

Les valeurs et la culture d'entreprise

La diplomatie à tout niveau a ses limites, les points où un diplomate ne peut pas céder, au risque de mettre en danger l'essentiel de ce qu'il représente. Dans les trois filiales étudiées un tel niveau constitue l'exigence sur le plan des valeurs de ces sociétés sur lesquelles reposent leurs cultures, identités et réputations. Les sièges insistent à ce que ces valeurs soient connues par tous les managers et les employés, qu'elles soient respectées, vécues et contrôlées.

Le mode de déclaration des valeurs d'entreprise varie. Chez Veolia, on y adhère par un forum des employés au niveau du groupe où ces valeurs sont clairement définies : la responsabilité – envers les employés, l'environnement, les villes et les clients, la solidarité – avec tous les partenaires et les citoyens démunis, l'innovation – l'orientation vers les ressources renouvelables et l'efficacité énergétique, et le respect – face aux normes législatives et aux associations professionnelles. Le Code éthique de Veolia reflète ces valeurs dans les règles de conduite dont la connaissance par les employés est régulièrement vérifiée. Les managers interviewés n'ont pas hésité à avouer que depuis qu'ils travaillent chez Veolia, ces valeurs ont un impact significatif également sur leur vie personnelle.

La création des valeurs et du modèle commercial de Continental est symbolisée par un arbre croissant. Quatre valeurs clés sont considérées comme ses racines et l'assiette de la culture de cette société : la confiance reposant sur le respect des promesses, la détermination à gagner par le biais de la qualité, la liberté d'agir accordée à chacun qui soit prêt à organiser des activités bénéfiques et en prendre la responsabilité, et enfin la cohésion qui lie différents individus avec leurs expériences et compétences et qui les conduit ainsi à une inspiration et créativité. Ces valeurs clés résultent d'une conviction que seul un milieu de travail formé par ces valeurs rend possible d'innover sur le plan des inputs, des produits et services et des solutions recherchées. En 2016, une enquête a été réalisée auprès des employés dans laquelle, entre autres, 85 % d'interrogés ont adhéré aux valeurs de la société. Le tronc de l'arbre se développe grâce au respect et au soutien de ces valeurs. La couronne de l'arbre représente les fruits de l'activité entrepreneuriale et symbolise également la mission et stratégie de Continental.

Les valeurs de Dell sur lesquelles reposent la réussite et la culture de la société sont exprimées en termes suivants : les clients ; la confiance en relations entretenues avec la clientèle qui constitue un facteur de différenciation ; le succès collectif ; la foi en ses collaborateurs, car le travail en équipe est un atout précieux qui garantit des choix judicieux et par conséquent, de meilleurs résultats ; l'innovation (innover les technologies, mais cultiver également la réflexion, les résultats) qui repose sur la responsabilité à atteindre des performances excellentes, voire exceptionnelles, et l'intégrité qui doit gouverner la volonté des équipes de réussir. La culture de la société Dell définie par ces valeurs se concrétise par l'intermédiaire de ses méthodes de travail et par son mode de leadership, et réside au cœur de toutes ses réalisations.

Les trois sociétés maternelles des filiales slovaques que nous avons observées, représentent trois contextes culturels différents dans lesquels ces filiales sont nées et ont évolué. Leurs objets d'activité sont également très éloignés l'un de l'autre. Pourtant, toutes les trois veillent attentivement à la communication permanente des valeurs sur lesquelles elles se basent au quotidien, mais élaborent également leurs stratégies, y compris celle des RH. Nos entretiens ont montré que dans les trois cas, les managers des filiales se sont effectivement identifiés avec ces valeurs et les adressent constamment à leurs employés pour qu'elles fassent partie de leur vie personnelle et professionnelle et participent ainsi à l'affirmation de la culture, de l'identité et de la réputation de leurs sociétés.

Contrairement à certains des premiers investisseurs installés dans les pays postcommunistes qui ont essayé d'y appliquer leurs pratiques de gestion des RH plus ou moins automatiquement, aujourd'hui eux-mêmes et d'autres qui y sont arrivés plus tard, ont progressivement montré plus de prudence, de sensibilité et de patience à l'égard de l'évolution du contexte socioculturel et des mentalités de ces pays. Cette approche diplomatique leur permet de mieux développer et valoriser le capital humain de leurs filiales dans cette région. Il est fort probable que cette même diplomatie possède des solutions à des problèmes d'interculturalité auxquels le management local de ces filiales commence à être confronté. Le flux de la main-d'œuvre vers les pays membres de l'UE en Europe centrale, en provenance des territoires voisins, tels que l'Ukraine, la Serbie ou la Turquie, devient plus important d'un jour à l'autre, et conduit à des rencontres de cultures, d'une part enrichissantes pour le milieu entrepreneurial, mais d'autre part sources d'animosités et même de conflits. Comme ces managers n'étaient pas forcément prêts à cette migration, ils devront relever le défi que cette dernière représente, et devenir les diplomates de leurs entreprises au plein sens du mot.

Références

Archier, G., Serieyx, H., 2000, *L'entreprise du 3e type*, Paris, Éditions du Seuil.

De Reymond, J.-F., 2015, *L'esprit de la diplomatie. Du particulier à l'universel*, Paris, Manitoba/Les Belles Lettres.

Dungan, N., Simonneau, D., 2015, « La diplomatie d'entreprise, un atout compétitif », *Les Échos*, sur <www.lesechos.fr/20/07/2015> (20/07/2015).

Gelinier, O., 1990, *Stratégie de l'entreprise et motivation des hommes*, Paris, Les Éditions d'organisation.

Goodman, M. B., 2006, « The role of business in public diplomacy », *Journal of Business Strategy*, 3.

Kaššay, S., 2014, « Ekonomická diplomacia na Slovensku », *Parlamentný kuriér*, Revue du Conseil National Slovaque de la République slovaque, 228-229, pp. 58-59.

Kejhová, H., 2016, « Ekonomická diplomacie v praxi », *Moderní řízení*, 10, pp. 8-17.

Kika, M., 2011, « Riadenie ľudí v čase privatizácie a zahraničného strategického partnerstva », *Sociológia*, 43(4), pp. 391-404.

Koleva, P., 2009, « La responsabilité sociétale des entreprises. Une occasion de repenser les modes de régulation en Europe centrale dans le contexte du développement durable », *Revue d'études comparatives Est-Ouest*, 40(2), pp. 5-31.

Liger, P., 2004, *Le marketing des Ressouces Humaines*, Paris, Dunod.

London, M., 1999, « Principled leadership and business diplomacy: A pratical, values-based direction for management development », *Journal of Management Development*, 2.

Lucas, D., 2012a, *Les diplomates d'entreprise, pouvoir, réseaux, influence*, Paris, Choiseul Éditions.

Lucas, D., 2012b, « Géopolitique et diplomatie d'entreprise », *CLES*, 8, Grenoble ESC, École de Management sur <http://choiseul.info/wp-content/uploads/2013/05/ G%C3%A9opolitique-et-diplomatie-dentreprise.pdf>.

Marasova, J., 2003, « La formation et le développement des ressources humaines dans les entreprises slovaques », *L'innovation dans l'Europe élargie*, Svichtov, Edition Académique Tsénov, pp. 257-262.

Mirvis, P. H. *et al.*, 2014, « Transfoming executive into corporate diplomats: The power of global pro bono service », *Organizational Dynamics*, 3.

Ruël, H., 2013, *Diplomacy means business*, Windesheim, University of Applied Sciences in Zwolle.

Saner, R. *et al.*, 2000, « Business diplomacy management: A core competency for global companies », *Academy of Management Perspectives*, 1.
Steger, U., 2003., *Corporate diplomacy: the strategy for a volatile, fragmented business environment*, Chichester: Wiley.
Totterdill, P., 2013, « Driving the logic of workplace innovation », sur <http://portal.ukwon.eu/Why-Workplace-Innovation-matters>.
Vallušová, A., 2016, *Spoločensky zodpovedné riadenie ľudských zdrojov v podniku*, Banská Bystrica, Belianum.

http://www.teraz.sk/ekonomika/zvolensky-continental-vyvoj/201132-clanok.html
http://www.dell.com/learn/fr/fr/frcorp1/purpose-and-values. 08/02/2018

Jana Marasová *est chercheur et maître de conférences habilité en économie et management*

Anna Vallušová *et* ***Žaneta Lacová*** *sont chercheurs et enseignantes à la Faculté d'Économie de l'Université Matej Bel de Banská Bystrica.*

Chapitre 4

Du lobbying à la diplomatie stratégique des entreprises

Mourad Attarça[22]

Résumé : *ce chapitre vise à contribuer à une meilleure connaissance des stratégies politiques des entreprises en explorant un concept clé émergent : celui de « diplomatie d'entreprise ». Il s'agira ainsi de définir les contours de la diplomatie d'entreprise et de montrer son utilité pour la stratégie des entreprises. La contribution est organisée en trois parties. La première partie présente le concept de stratégie politique avant de développer la notion de diplomatie d'entreprise et de diplomatie stratégique. La deuxième partie s'intéresse à un champ particulier où se déploient les diplomaties d'entreprises : les institutions européennes à Bruxelles. Nous présentons les règles qui régissent les activités diplomatiques des entreprises auprès des institutions européennes avant d'aborder un cas de « confrontation diplomatique » à travers le cas du processus réglementaire portant sur l'étiquetage nutritionnel. La troisième partie est consacrée aux enseignements que nous pouvons tirer des diplomaties d'entreprises et du rôle des diplomates d'entreprise ainsi qu'aux pistes de recherche futures.*

Mots-clés : *Diplomatie d'entreprise – Diplomatie stratégique – Stratégie politique – Lobbying – Influence*

---

[22] Ce chapitre est basé sur le texte d'une précédente communication à la Conférence de l'Association Internationale de management stratégique (AIMS) de juin 2016 à Tunis-Hammamet, dans le cadre de la Séance thématique portant sur la Diplomatie stratégique.

Depuis une vingtaine d'années, les stratégies politiques des entreprises constituent un domaine de recherche fécond en management stratégique (Rival et Chanut, 2015). Dans un environnement économique contraint, l'environnement social et politique devient un enjeu majeur pour les entreprises. Comme le souligne Reich (2008), dans un contexte concurrentiel global et exacerbé, l'arène politique devient le prolongement du champ de la confrontation économique entre les entreprises. Celles-ci peuvent se retourner vers l'État pour bénéficier de décisions publiques favorables et pallier leurs éventuelles faiblesses concurrentielles, protéger leurs positions acquises, voire s'assurer de nouveaux avantages concurrentiels (Thoenig, 2015).

Les enjeux économiques pour lesquelles les décisions publiques ou les interventions étatiques peuvent être décisives sont nombreuses : accès à des marchés internationaux, notamment publics, investissements directs à l'étranger, réglementations portant sur les échanges internationaux et le commerce mondial, organisation de la concurrence, propriété intellectuelle, normes et standards, protection de l'environnement, fiscalité, mouvements financiers (paradis fiscaux), etc. Ces enjeux constituent ainsi autant d'opportunités – ou de menaces – pour les entreprises dans leur compétition économique et pour lesquels les États jouer un rôle clé et notamment en apportant son soutien (Carron de la Carriere, 1998).

Les décisions politiques – ou les interventions publiques – peuvent ainsi constituer un « adjuvant » à une stratégie concurrentielle ambitieuse ou un palliatif à une stratégie concurrentielle en panne de dynamisme ou de moyens. Le concept de stratégie politique (Hillman *et al.*, 2004) renvoie justement au comportement de l'entreprise (objectifs, activités mises en œuvre, résultats) dans le champ politique. Plusieurs auteurs ont exploré ce sujet et proposé une conceptualisation de la stratégie politique ou des activités politiques des entreprises (Bonardi *et al.*, 2005 ; Dahan *et al.*, 2013 ; Doh *et al.*, 2012 ; Hillman et Hitt, 1999 ; Lord, 2000 ; Mitnick, 1993 ; Rehbein et Schuler, 1999). Même si ce corpus théorique n'est pas stabilisé (Rival et Chanut, 2015), il ressort de ces travaux que : 1) les stratégies politiques dépendent de facteurs (ressources politiques), d'acteurs (institutions publiques, groupes d'intérêts, lobbyistes, leaders d'opinion…) et de règles (institutions, rationalité politique…) qui sont spécifiques ; 2) les stratégies politiques sont déployées au bénéfice d'une stratégie économique avec laquelle un certain « alignement[23] » est recherché. Dans ce contexte, la diplomatie d'entreprise ou diplomatie stratégique consiste à assure justement cet alignement entre la sphère économique et sociale et la sphère politique. Dit d'une autre façon, il s'agit de créer et d'entretenir les conditions politiques les plus favorables à l'exercice de l'activité de l'entreprise.

Un groupe de réflexion français (Institut Choiseul) a introduit le terme de « diplomates d'entreprise » pour désigner les responsables qui, au sein des entreprises, sont chargés des affaires publiques et des relations avec les institutions publiques (Lucas, 2012). Ces responsables, que d'aucuns pourraient nommer les « lobbyistes d'entreprises » (Limousin, 2007), incarnent la stratégie politique de leurs organisations et contribuent à sa formulation et à sa mise en œuvre. Mais il apparaît que le concept de « diplomatie stratégique » est plus large (Ruël *et al.*, 2013 ; Steger, 2002), car la diplomatie ne porte pas seulement sur les relations avec les pouvoirs publics et elle s'attache aussi aux relations avec les autres acteurs ou parties prenantes externes de l'entreprise.

Nous nous proposons dans ce chapitre de contribuer à une meilleure connaissance du concept de diplomatie d'entreprise et de diplomatie stratégique. L'objectif est de montrer l'utilité de ce concept aussi bien pour la gestion des entreprises que pour la prise de décision publique. Il s'agit également, à travers le cas des activités des diplomates d'entreprises au niveau des institutions européennes, de tenter d'en donner les contours opérationnels ainsi que les principales caractéristiques.

Ce chapitre est organisé en trois parties. Dans une première partie, nous reviendrons sur le concept de stratégie politique

---

[23] Par référence au terme d'alignement stratégique utilisé par Thomas Lawton (Rival, 2015).

avant de développer la notion de « diplomatie stratégique ». Nous tenterons par ailleurs, de montrer l'articulation, pratique et conceptuelle entre ces deux notions. Dans la deuxième partie, nous nous intéresserons à un champ particulier où se déploient les diplomaties d'entreprises : les institutions européennes à Bruxelles. Nous aborderons ainsi les règles qui régissent les activités diplomatiques des entreprises avant d'aborder deux cas de « confrontation diplomatique » : le cas de la réglementation de l'étiquetage alimentaire et le cas de la réglementation bancaire. Nous conclurons sur les enseignements que nous pouvons tirer des stratégies diplomatiques au sein de l'environnement européen et sur les pistes de recherche sur ce thème.

De la stratégie politique des entreprises à la diplomatie d'entreprise : quelle articulation ?

Cette première partie présente les notions de stratégie politique des entreprises et diplomatie d'entreprises et propose une articulation entre ces deux notions.

La stratégie politique de l'entreprise

La notion de « stratégie politique de l'entreprise » (*Corporate Political Strategy*) désigne l'ensemble des efforts réalisés par une entreprise pour façonner son environnement politique et obtenir des décisions publiques qui soient favorables à ses intérêts (Hillman et Hitt, 1999). C'est aussi l'expression du pouvoir de l'entreprise sur son environnement politique et de sa volonté de contrôler – ou de maîtriser – son environnement (Pfeffer et Salancik, 1978). L'objectif d'une stratégie politique est d'influencer les décisions publiques dans le but de prévenir des risques réglementaires et d'assurer la pérennité ou le développement de l'entreprise. La stratégie politique a vocation à permettre à l'entreprise de consolider ou d'accroître sa légitimité (Baysinger, 1984), mais aussi de préserver ou d'accroître sa compétitivité : accroître la taille de ses marchés, accroître son pouvoir de négociation, améliorer sa position concurrentielle, réduire les risques d'entrants potentiels, etc.

La notion d'activités politiques d'entreprise (*Corporate Political Activity*) renvoie également à cette même logique de pouvoir exercée par l'entreprise sur son environnement politique (Bonardi *et al.*, 2005 ; Dahan *et al.*, 2013). Elle désigne l'ensemble des initiatives visant à influer sur les décisions publiques ou sur les activités politiques (activités gouvernementales, activités parlementaires, etc.). Hillman et Hitt (1999, p. 835) proposent ainsi une taxonomie des différentes activités politiques classées en trois catégories :

- Les activités politiques basées sur l'usage information comme levier d'influence des décisions publiques ; il peut s'agir de lobbying au sens d'influencer directement les décideurs publics (Attarça, 2007), de participation à des auditions, des groupes de travail ou des comités d'experts organisés par les pouvoirs publics ou encore la production de données spécifiques visant à orienter les débats publics (Foucart, 2013 ; Oreskes *et al.*, 2014) ;
- Les activités de financement politique : les auteurs s'inscrivent dans le contexte institutionnel américain où le financement politique est légal et réglementé (dons ou soutiens matériels apportés aux candidats à des élections ou aux partis politiques), mais il est possible d'élargir ce type d'activités au financement illégal : corruption, trafic d'influence (Lascoumes, 2011) ;
- Les activités basées sur des coalitions et l'action politique collective : mobilisation des parties prenantes (grass-roots lobbying), création de coalition ad hoc avec d'autres entreprises (Pijnenburg, 1997), communication d'influence, relations publiques, campagnes médiatiques, etc.

Le caractère stratégique des activités politiques de l'entreprise est double. D'une part, les activités politiques peuvent porter sur des décisions publiques et des enjeux économiques qui peuvent impacter durablement la performance et le développement l'entreprise, voire sa pérennité. C'est le cas, par exemple, des activités politiques conduites par les entreprises du secteur pharmaceutique autour des autorisations de mise sur le marché des médicaments et/ou prix des médicaments, ou encore par les entreprises du secteur du tabac sur les questions de fiscalité ou des conditions de vente et de promotion des produits.

D'autre part, la conduite des activités politiques peut relever d'une véritable stratégie visant à en optimiser l'efficacité : quelles actions mener, à quel moment, en direction de quelle cible et pour quelle efficacité ? Une entreprise peut ainsi choisir différentes tactiques d'influence. Yoffie (1987) montre que les entreprises les plus proactives sur le plan politique ont plus de chances de tirer des bénéfices du champ politique que les entreprises qui adoptent un comportement de suiveur ou de passager clandestin (Olson, 1978). D'autres auteurs montrent que les choix des activités politiques à mettre en œuvre varient en fonction de l'évolution du processus de décision publique (Buchholz, 1992 ; Lord, 2000).

Dans une approche fondée sur la théorie des ressources (Barney, 1991), Oliver et Holzinger (2008) proposent une typologie (figure 1) qui intègre les objectifs visés par l'action politique. À travers ses activités politiques, l'entreprise cherche-t-elle à maintenir une position acquise (*value maintenance*) ou cherche-t-elle à créer de la valeur économique (*value creation*). Par ailleurs, les auteurs distinguent les comportements de conformité (*compliance*) qui traduisent une absence d'activités politiques des comportements d'influence qui font référence à une forme d'activisme sur le plan politique.

L'intérêt de cette typologie réside dans la place qu'elle accorde aux capacités dynamiques de l'entreprise. Les auteurs relèvent en effet que, dans un environnement politique complexe et changeant, la stratégie d'influence va s'appuyer sur des capacités dynamiques spécifiques. Les capacités dynamiques externes de l'entreprise reposent sur des ressources, que l'on peut qualifier de politiques (Attarça, 2002 ; Dahan, 2005) telles que : son image et sa réputation, sa taille, son réseau relationnel politique, ses moyens financiers ou encore ses moyens organisationnels et humains dédiés à l'action politique. Les responsables chargés des relations institutionnelles, que d'aucuns appellent les « diplomates d'entreprise » (Lucas, 2012) ainsi que les structures internes chargées des « affaires publiques » confèrent à l'entreprise une capacité dynamique politique décisive (Rehbein et Schuler, 1999).

Figure 1 : Une typologie des stratégies politiques des entreprises

		Objectifs stratégiques	
		Maintien de la valeur	*Création de valeur*
Orientations stratégiques	***Conformité***	**Stratégie réactive** *Focus : capacités internes* *Exemples* : - Se conformer rapidement aux standards - Adapter rapidement sa stratégie	**Stratégie d'anticipation** *Focus : capacités internes* *Exemples* : - Adopter les meilleures pratiques pour s'adapter - Recruter des experts venant du secteur public
	Influence	**Stratégie défensive** *Focus : capacités externes* *Exemples* : - Lobbying pour accroître les barrières à l'entrée - Défense du statu quo	**Stratégie proactive** *Focus : capacités externes* *Exemples* : - Changer les normes du secteur - Changer les standards qui fondent la législation

Source : Oliver et Holzinger (2008)

La notion de diplomatie d'entreprise

La notion de diplomatie d'entreprise (*Corporate diplomacy*) a été introduite au début des années 2000 par des auteurs qui se sont intéressés aux mutations de l'environnement des entreprises multinationales. Strange (2000) a analysé le rôle croissant des multinationales dans l'évolution des relations internationales entre les États. Compte tenu du pouvoir détenu par certaines entreprises multinationales, elle considère que les Gouvernements doivent, à côté de la diplomatie classique entre États, développer une diplomatie tournée vers les entreprises. Réciproquement, dans un contexte international complexe et incertain les entreprises doivent développer un savoir-faire de négociation avec les autres entreprises (diplomatie entreprise-entreprise), mais aussi avec les États (diplomatie entreprise-État). Le terme de « diplomatie d'entreprise » a été ensuite formellement introduit par plusieurs auteurs qui se sont intéressés aux évolutions du management dans un contexte international (London, 1999 ; Muldom, 2005 ; Ordeix-Rigo et Duarte, 2009 ; Ruël *et al.*, 2013 ; Saner *et al.*, 2000 ; Saner et Yiu, 2001 ; Steger, 2002 ; Wolters, 2012),

Pour Saner *et al.* (2000), la diplomatie, au sens politique du terme, vise à construire des relations durables entre États, à cultiver la confiance et à éviter de semer la discorde. La diplomatie est l'art de construire des relations entre États avec intelligence et tact, par des moyens pacifiques[24].

Dans le contexte de globalisation de leur environnement, Saner et al. (2000, p. 81) estiment que les entreprises multinationales doivent développer des compétences diplomatiques spécifiques pour "gérer" (*to deal with*) les relations avec les États, les relations avec les groupes de pression ainsi que les situations conflictuelles[25]. S'appuyant sur ces mêmes hypothèses, Steger (2002) a ainsi défini la diplomatie d'entreprise comme étant « *la gestion systématique et professionnelle permettant de s'assurer que les activités (de l'entreprise) sont réalisées paisiblement sans remise en cause de son acceptabilité sociale (''licence to operate'') ainsi que la gestion des interactions qui permettent une adaptation mutuelle entre l'entreprise et la société* » (p. 6-7). Une autre définition a été proposée par Wolters (2012) qui conçoit la diplomatie d'entreprise comme étant « *l'établissement, par les dirigeants ou leurs représentants, de relations durables et positives avec les gouvernements étrangers et les parties prenantes (stakeholders) non gouvernementales (économiques et non économiques) dans le but de créer et de développer une légitimité (sauvegarde de l'image et de la réputation de l'entreprise) dans un environnement d'affaires international* » (p. 3-4).

Si la notion de diplomatie d'entreprise a été développée dans le contexte des stratégies internationales des firmes, l'intérêt de déployer des relations durables et positives avec les parties

[24] Les auteurs reprennent une définition d'un diplomate britannique Sir Ernest Mason Satow (1843-1929).

[25] Les auteurs donnent comme exemple Shell et le conflit avec le peuple Ogoni au Nigeria.

prenantes externes peut s'appliquer à tous types d'entreprises. On retiendra donc avec Alix (2014), analysant les travaux de Henisz (2014), que la diplomatie d'entreprise est « *la capacité politique, relationnelle et sociale de l'entreprise, tournée prioritairement vers ses parties prenantes externes, afin de garantir sa performance économique sur le long terme* » (p. 192).

Le concept de diplomatie d'entreprises trouve ses fondements dans trois champs théoriques :

- La gestion problématique non marchande (*issue management*) ; c'est la nécessité pour l'entreprise de prendre en compte l'ensemble des facteurs et des acteurs de son environnement sociopolitique (Simcic Brønn et Brønn, 2002) afin de construire une stratégie non marchande - *non-market strategy* (Baron, 1995) ;
- La gestion des parties prenantes (*stakeholders*) ; c'est la nécessité de considérer l'entreprise « en société », c'est-à-dire comme une institution en relation avec un ensemble d'acteurs, ayant leurs propres intérêts, et pouvant l'impacter positivement ou négativement (Freeman, 1983 ; Wood, 2001) ;
- La gestion de la légitimité d'entreprise (Suchman, 1995) ; c'est la capacité de l'entreprise à aligner ses normes et ses valeurs avec ceux de l'environnement social dans lequel elle évolue de façon à parvenir à une « acceptabilité sociale[26] » (Raufflet, 2014).

La diplomatie est donc un moyen pour l'entreprise de contribuer à façonner durablement un environnement institutionnel favorable à ses intérêts et favorable à ses activités économiques. Il s'agit également d'anticiper et de mieux répondre aux enjeux économiques, sociaux et politiques qui peuvent impacter ses activités à moyen et long terme (Saner *et*

---

[26] Pour l'auteur, « *l'acceptabilité sociale fait référence à la perception des parties prenantes locales qu'un projet, une entreprise, ou une industrie est socialement acceptable ou légitime* » (p. 5). Dans les travaux sur la diplomatie d'entreprise, la notion d'acceptabilité sociale (*licence to operate*) est considérée dans un sens plus large : il s'agit de l'acceptabilité de l'entreprise au sens institutionnel et pas seulement au sens opérationnel (projets, opérations).

al., 2000 ; Steger, 2002). Enfin, c'est aussi un moyen pour l'entreprise d'accroître son influence et son pouvoir social et de légitimer son statut d'institution sociale (Ordeix-Rigo and Duarte ; 2009)

Diplomatie d'entreprise et stratégie politique

Comme le soulignent Ruël *et al.* (2013), la notion de diplomatie d'entreprise est plus large de la notion de stratégie politique. La diplomatie d'entreprise recouvre en effet l'ensemble de la gestion des relations avec l'environnement social et politique de l'entreprise et non pas seulement l'influence des autorités publiques (Oliver et Holzinger, 2008). Saner *et al.* (2000) intègrent en effet dans le périmètre de la diplomatie d'entreprise (p. 85) :

- L'influence des acteurs économiques et sociaux afin de créer de nouvelles opportunités de marché ;
- La collaboration avec les organismes régulateurs dont les décisions impactent les activités de l'entreprise ;
- La prévention des conflits potentiels avec les parties prenantes et la minimisation des risques politiques ;
- L'utilisation de tous les canaux médiatiques pour sauvegarder l'image et la réputation de l'entreprise.

La diplomatie d'entreprise se traduit ainsi par la formulation d'une stratégie relationnelle avec toutes les parties prenantes externes de l'entreprise, par la conduite des négociations bilatérales et multilatérales, ainsi que la coordination des moyens nécessaires à l'exercice de l'influence : analyse de l'environnement, constitution des réseaux relationnels, campagnes de relations publiques, etc. S'agissant des entreprises multinationales, Saner *et al.* (2000) insistent sur la nécessité pour elles de faire de lobbying « avec finesse » et de veiller aux protocoles et aux coutumes des pays dans lesquelles elles exercent leurs activités.

Ruël *et al.* (2013) estiment que les notions de diplomatie d'entreprise et de stratégie politique se recouvrent partiellement, s'agissant des entreprises multinationales. Il clair que toutes les activités de diplomatie d'entreprise ne relèvent pas de la stratégie politique : la gestion des relations avec les organisations non gouvernementales (ONG) ou la gestion des relations avec les communautés locales ne relève pas des définitions habituelles de la stratégie politique (Hillman *et al.*, 2004 ; Oliver et Holzinger, 2008). Ruël *et al.* (2013) estiment par ailleurs que certaines activités politiques comme le lobbying ou le financement de campagnes électorales ne relèvent pas de la diplomatie d'entreprise, car ce sont des actions de court terme alors la diplomatie d'entreprise porte sur une vision à long terme (p. 4). Toutefois, il est possible de considérer le lobbying comme une forme de négociation bilatérale avec les pouvoirs publics, voire comme une forme de négociation multilatérale avec les autres parties prenantes politiques : autres lobbies ou autres groupes d'intérêts, leaders d'opinion, ONG, médias, etc.

Les principes de la diplomatie d'entreprise peuvent s'appliquer à tous types d'entreprises, qu'elles soient multinationales ou non. Les questions de la gestion des enjeux externes, de la gestion des relations avec les parties prenantes ou celle de la gestion de la légitimité se posent également pour les entreprises d'envergure nationale. Bien entendu, ces enjeux sont plus cruciaux et plus complexes pour une entreprise multinationale (multiplicité des environnements sociaux et politiques, imbrication d'enjeux locaux et d'enjeux transnationaux, nécessité d'une vision globale, etc.). Conceptuellement, et dans le cas le plus général, la stratégie politique de l'entreprise apparaît donc comme un sous-ensemble de la diplomatie d'entreprise (figure 2).

Par ailleurs, il est important de souligner que si la diplomatie de l'entreprise est au service de la stratégie de développement, la diplomatie d'entreprise peut ou doit relever elle-même d'une stratégie, une stratégie relationnelle à long terme avec les acteurs de l'environnement social et politique. La diplomatie d'entreprise représente en effet une « capacité politique et relationnelle » (Alix, 2014) ou un ensemble de compétences (Saner *et al.,* 2000 ; Saner et Yiu, 2001) dont l'enjeu est de permettre à l'entreprise est bien de gérer ses relations avec son environnement social et politique (Amann *et al.*, 2007).

Cette conception est cohérente avec les pratiques au sein des entreprises et les fonctions exercées ou attendues par les « diplomates d'entreprise » (Henisz, 2014 ; Lucas, 2012). Les témoignages recueillis par Lucas (2002) auprès de professionnels[27] de la diplomatie et des relations institutionnelles montrent bien qu'il s'agit là d'une fonction au cœur des enjeux stratégiques des entreprises. Les diplomates d'entreprises représentent ainsi bien des relais (de Beaufort et Belot, 2012) que des facilitateurs (Saner *et al.*, 2000) ou des pivots (Dahan *et al.*, 2014) entre leur entreprise et la société civile. Ils incarnent un changement de paradigme où l'entreprise, consciente des enjeux sociaux et politiques sur ses activités, adopte une démarche proactive et, au moins formellement, positive, de ses relations externes.

Figure 2 : Lobbying, stratégie politique et stratégie diplomatique

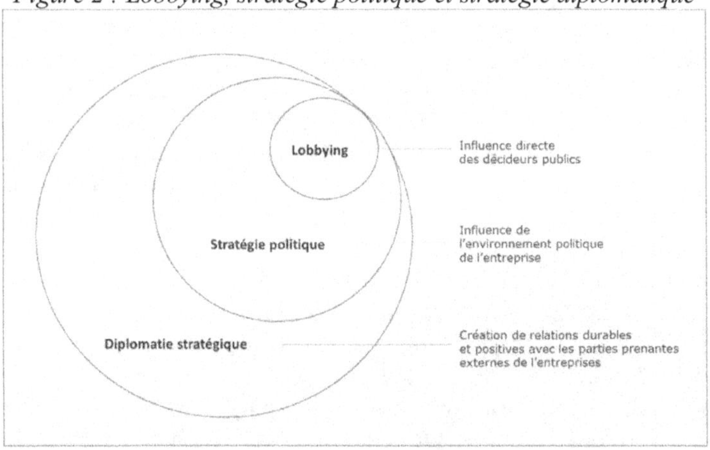

[27] Entretiens avec des responsables des « relations institutionnelles » d'entreprises ou d'organisations comme : RATP, Alcatel-Lucent, Vivendi, Vinci, General Electric, Sanofi-Pasteur, Lyonnaise des Eaux, Cofely, Carrefour, Orangina, Unibail-Rodamco, Unicef.

La diplomatie stratégique en action : le cas des diplomates auprès des institutions européennes.

Nous présentons dans cette deuxième partie les activités de diplomaties stratégiques des entreprises dans le contexte particulier des institutions européennes. Depuis l'adoption de l'Acte Unique européen en 1987, la majorité des réglementations impactant les entreprises sont discutées et décidées à Bruxelles. C'est également auprès des institutions européennes que se traitent la plupart des enjeux sociaux et politiques (concurrence, commerce, innovation, environnement, consommation...) auxquels sont confrontées les entreprises. Ceci explique l'importance des activités diplomatiques des entreprises, notamment les plus grandes, à Bruxelles et l'importance des diplomates d'entreprise ; des acteurs que Sylvain Laurens (2015) qualifie de « courtiers du capitalisme ».

Bruxelles, terrain d'action de la diplomatie stratégique

De façon générale, les entreprises, individuellement ou à travers leurs organisations professionnelles et patronales, ont joué un rôle important dans le processus de construction européenne. La participation des entreprises dans le processus de décision communautaire a été encouragée, notamment par la Commission européenne (Van Schendelen, 2013), pour légitimer l'échelon européen dans les processus de décision publique, mais aussi pour construire des relais entre les citoyens européens et les institutions européennes.

À Bruxelles, les activités de diplomatie stratégiques des entreprises sont principalement centrées sur les relations avec les institutions européennes (Commission, Parlement, Conseil), mais elles recouvrent également les relations avec d'autres parties prenantes, politiques, économiques ou sociales : entreprises, associations professionnelles, organisations non gouvernementales, syndicats, bureau de représentations des collectivités territoriales, *think tank*, etc. (Gueguen, 2007). Les activités de diplomatie stratégique peuvent également consister à influencer les positions de la Commission européenne dans sa diplomatie politique en tant que représentants des États membres de l'Union européenne.

Le jeu diplomatique qui existe entre les entreprises (et de façon générale les groupes d'intérêts) et les institutions européennes est interprété par certains auteurs (Klüver, 2011) comme un jeu d'échange dans lequel chaque partie tire des bénéfices. Les entreprises cherchent à influencer les institutions communautaires et obtenir des décisions favorables sur le plan européen. Elles disposent pour ce faire de trois ressources politiques clés : l'information (expertise), la relation avec une partie des citoyens et le pouvoir de marché.

Les institutions européennes, et surtout la Commission, cherchent à accroître leur légitimité institutionnelle et à assurer leur pérennité et la pérennité de leurs prérogatives politiques, mais aussi à acquérir des informations utiles à leurs activités décisionnelles. Ces institutions disposent par ailleurs de deux ressources clés pour les entreprises : le contrôle de l'accès aux décideurs publics (Bouwen, 2002) et le pouvoir politique ou technique dans les processus de décision : pouvoir de décision pour le Conseil, pouvoir de codécision pour le Parlement, pouvoir d'initiative, de mise en œuvre des décisions, et pouvoir de décision pour les actes délégués s'agissant de la Commission (Gueguen, 2007).

À partir des années 1990, le Parlement européen puis la Commission européenne ont engagé une réflexion sur leurs relations avec les groupes d'intérêts (dont les entreprises à titre individuel). Deux registres des groupes d'intérêts ont été mis en place avant d'être unifiés en 2011. Bien que l'inscription à ce registre ne soit pas obligatoire, son exploitation donne un aperçu assez précis des entreprises, mais aussi des autres groupes d'intérêts, intervenants dans l'arène diplomatique communautaire : sur environ 6 000 groupes officiellement enregistrés auprès des institutions européennes[28], 20 % représentent des entreprises à titre individuel. La diplomatie des entreprises passe également par des organisationnelles

[28] Source : Registre de Transparence, ec.europa.eu et statistiques publiées par Lobbyfacts.eu.

professionnelles (26,2 %), des groupes de réflexion (3,5 %) et bien entendu par des cabinets spécialisés dans le lobbying et les relations institutionnelles (18,4 %).

Les entreprises ayant des activités politiques à Bruxelles ne disposent pas nécessairement d'un « bureau de représentation » – une ambassade pour reprendre le langage diplomatique – à Bruxelles. Selon Gueguen (2007) environ 1/3 des lobbyistes ou des responsables des relations institutionnels intervenant auprès des institutions européennes sont physiquement basés à Bruxelles. Toujours selon l'auteur, les bureaux de représentation des entreprises installée à Bruxelles disposent, en moyenne, d'un effectif permanent estimé de 4 à 5 personnes, avec un maximum de 10 à 12 personnes.

Les déclarations dans le registre européen permettent d'estimer le niveau des budgets consacrés par les plus grandes entreprises à leurs activités diplomatiques bruxelloises, sachant qu'une part importante de ce budget est consacrée aux structures de représentation :

- Entre 4,5 M€ et 5 M€ pour des entreprises comme Exxon, Shell, Microsoft ;
- Entre 3 M€ et 4 M€ pour des entreprises comme : Deutsche Bank, Dow Europe, Google, Volkswagen, General Electric, Siemens ou Huawei ;
- Entre 2 M€ et 3 M€ pour des entreprises comme Daimler, EDF, BASF, ENGIE ou ENEL ;
- Moins de 2 M€ pour des entreprises comme Deutsche Post, GlaxoSmithKline, Johnson & Johnson Novartis International, Rolls-Royce, Barclays, Allianz, ArcelorMittal ou AstraZeneca.

Les activités diplomatiques des entreprises à Bruxelles comprennent plusieurs facettes (Laurens, 2015 ; Van Schendelen, 2013) que l'on peut résumer ainsi :

- La veille et l'intelligence institutionnelle : identification, analyse et hiérarchisation des enjeux politiques au niveau des institutions communautaires ;
- Les rencontres formelles ou informelles avec des responsables publics (fonctionnaires de la Commission

européenne, commissaires, parlementaires, représentants ou responsables politiques des États membres…) ;

- La participation aux consultations et aux groupes de travail (comités d'experts) organisés par la Commission européenne ou par le Parlement européen ;

- La rédaction de documents destinés à influer directement les décisions publiques : dossiers techniques ou juridiques, dossier d'argumentation pour légitimer les positions défendues par l'entreprise, propositions d'amendements parlementaires à faire voter, consignes de vote pour les parlementaires[29], etc.

- La constitution d'un réseau politique : relations avec les représentants des autres groupes d'intérêts et avec tous les autres acteurs pouvant soutenir l'entreprise dans ses actions d'influence : associations non gouvernementales, journalistes, leaders d'opinion sur le plan européen, etc.

Le fonctionnement des institutions européennes et les principes mêmes de la construction européenne favorisent une prise de décision basée sur la recherche de consensus (Coen et Richardson, 2009 ; Van Schendelen, 2013). Les entreprises se doivent donc de privilégier les approches transnationales, d'agir aussi bien à l'échelle européenne qu'à l'échelle des États membres, et d'intégrer dans leurs stratégies relationnelles les principes de la négociation et du compromis. Le contexte institutionnel européen encourage les entreprises à privilégier la constitution d'alliances politiques (Van Schendelen, 2013) afin d'accroître la légitimité de leurs revendications, mais aussi leurs capacités d'influence. Les entreprises s'engagent ainsi de plus en plus dans la constitution de coalitions politiques *ad hoc* (Pijnenburg, 1997), c'est-à-dire des coalitions ponctuelles dédiées à l'influence d'une décision publique donnée, mais aussi à la participation à des « plateformes » transversales de défense

[29] Ces deux dernières activités sont très controversées, car elles sont intrusives. La première consiste à rédiger des amendements « clés en main » puis rechercher le meilleur parlementaire pour « porter » cet amendement devant une commission parlementaire ou devant l'Assemblée. La seconde consiste à indiquer aux parlementaires le sens du « bon » votre à adopter en apportant des arguments.

d'intérêts (Gueguen, 2007) associant des parties prenantes variées : entreprises, organisations professionnelles, organisations non gouvernementales, groupes de réflexions, etc.

Les processus de décision communautaires se caractérisent par ailleurs par une forte complexité et une certaine opacité (Gueguen, 2011). Avec l'adoption du Traité de Lisbonne, la Commission européenne dispose d'un très fort pouvoir, non seulement de mise en œuvre des décisions politiques, mais aussi de décision à travers les actes dits de délégation. La Commission dispose ainsi de très nombreux comités dits de comitologie, composés d'experts externes (issus des groupes d'intérêts), lui permettant de préparer les actes délégués. Le travail de diplomatie stratégique cède ainsi le pas à un travail de « dossier » requérant une très forte expertise dans les différents domaines de décisions, mais aussi une très forte connaissance des procédures de décision (Coen et Richardson, 2009 ; Laurens, 2015 ; Morbois, 2014). Les diplomates d'entreprises doivent ainsi être capables de coordonner et de piloter les activités de réseaux de juristes permettant d'identifier les procédures et les lieux pertinents d'exercice de l'influence. Ils doivent également être capables de coordonner des réseaux d'experts capables de participer aux comités mis en place par la Commission européenne.

Ainsi, au-delà des compétences relationnelles, les diplomates d'entreprises doivent disposer de compétences pilotage et de coordination de réseaux d'experts, internes ou externes à l'entreprise. Dans son principe, mais aussi ses méthodes, ce travail est similaire à celui des missions diplomatiques à l'échelle des États notamment pour les questions économiques (Carron de la Carriere, 1998). Comme nous le verrons dans ce qui suit concernant la politique d'étiquetage des produits alimentaires, le rôle de la diplomatie d'entreprise consiste à trouver le meilleur alignement possible entre la stratégie de développement de l'entreprise et les décisions prises dans le champ politique.

En février 2006, la Commission européenne a réactivé un processus[30] visant à réglementer l'information nutritionnelle figurant sur les emballages des produits alimentaires. Il s'agissait d'indiquer sur l'emballage les apports caloriques ainsi que les apports nutritionnels (glucides, lipides, sel...) des produits alimentaires. Cette réglementation vise à améliorer l'information donnée par les industriels aux consommateurs : souci de transparence et d'amélioration de la loyauté des transactions. Il s'agit surtout de répondre à un enjeu de santé publique en favorisant un meilleur équilibre alimentaire pour le consommateur européen, de prévenir les maladies (diabètes notamment) et de lutter contre l'obésité, notamment infantile[31]. Cette réflexion sur l'étiquetage alimentaire s'inscrit dans un débat plus large visant à étendre l'information destinée au consommateur concernant la composition des produits agro-alimentaires[32].

Dans le cadre de la Confédération des industries agroalimentaires dans l'Union européenne (CIAA), qui représente les industriels européens du secteur agroalimentaire, les entreprises du secteur se sont engagées dans une démarche proactive visant à répondre aux demandes de la Commission européenne, mais à l'activisme d'associations civiles comme

---

[30] Le processus réglementaire est beaucoup plus ancien puisque la première directive portant sur l'étiquetage des produits alimentaires date de 1979. Elle a fait l'objet de nombreux amendements avant d'être remplacée, en 2000, par une nouvelle directive : 2000/13/EC. Celle-ci a fait l'objet d'amendements en 2003. Toutefois aucune obligation n'était imposée aux industries quant à l'information nutritionnelle.

[31] Un tiers des Européens seraient obèses : 27 % des hommes et 38 % des femmes. Environ 5 millions d'enfants sont obèses dans l'UE. (« Les enjeux de l'étiquetage nutritionnel », Daniel Leloup, *Equilibre*, n° 47, août 2010). Une étude de l'OMS prévoit par ailleurs que la proportion d'obèses devrait augmenter d'ici quinze ans dans la quasi-totalité des pays européens (Libération, 6 mai 2015).

[32] Voir par exemple : « L'étiquetage obligatoire des aliments est-il la meilleure solution pour les consommateurs ? », par Egizio Valceschini, *Le Débats de l'Agro*, janvier 2006 ; « Quels enjeux pour l'étiquetage des denrées alimentaires sur Internet en UE ? », *Euractiv.fr*, 3 juin 2015.

EPHA (European Public Health Alliance[33]) ou le BEUC (The European Consumer Organization[34]). La CIAA a ainsi mis en place un système d'information nutritionnel fondé sur les « apports journaliers recommandés » (AJR ou GDA[35]). L'adoption du système reste toutefois facultative pour les entreprises. L'initiative a eu le soutien de la plupart des grands groupes agro-alimentaires (Nestlé, Danone, Coca-Cola, Ferrero, Barilla, Cargill, Unilever, Mars, Kraft, Kellogs, etc.), mais surtout celle des très nombreuses PME du secteur. Selon le CIAA, les entreprises du secteur auraient ainsi dépensé, entre 2006 et 2010, près d'un milliard d'euros pour promouvoir ce mode d'information nutritionnelle auprès des consommateurs, mais aussi auprès des pouvoirs publics[36].

Lors des négociations avec la Commission européenne pour l'adoption d'un système d'information nutritionnelle, il est apparu une nette divergence entre les positions défendues par la plupart des industriels de l'agroalimentaire (directement ou via la CIAA) et celles défendues par les organisations représentant la société civile dans les domaines de santé et de la consommation (EPHA, BEUC, FoodWatch, etc.). Les organisations civiles ont souhaité que l'Union européenne adopte le système dit des « feux » (*Multi-traffic light* ou MTL) qui un système d'information basée sur une signalétique avec des pastilles de couleurs (vert, orange, rouge) selon la teneur en sucre, en sel ou en matière grasse d'un produit. De plus, les associations civiles souhaitaient que l'information nutritionnelle figure à l'avant des étiquettes. Le système MTL est considéré comme apportant une information nutritionnelle au consommateur plus claire et plus pertinente pour faire ses choix en matière alimentaire. Une étude menée en 2008 auprès de

---

[33] European Public Health Alliance (EPHA) représente plus de 100 organisations non gouvernementales qui militant en faveur de la santé publique en Europe.

[34] Fédération des associations européennes de défense des consommateurs.

[35] Ou GDA : *Guideline Daily Amount.*

[36] "A red light for consumer information: The food industry's €1-billion campaign to block health warnings on food", *Corporate Europe Observatory*, June 2010.

consommateurs australiens a confirmé ces hypothèses[37]. Le système MTL est déjà en vigueur en Grande-Bretagne bien qu'il ne soit pas obligatoire. Il bénéficie du soutien de la *Food Standards Agency*, l'agence britannique de régulation en matière alimentaire, des associations de défense des consommateurs, mais aussi de plusieurs industriels et distributeurs ; Sainsbury's, Waitrose, the Co-Op, Marks and Spencer, Asda, etc.

En mars 2010, la proposition d'adopter le système MTL comme référentiel pour l'information nutritionnel au niveau européen est discutée au Parlement européen. L'initiative des associations civiles est soutenue par les entreprises du secteur des assurances, car elle correspond à la politique de prévention des risques sanitaires défendue par ces entreprises. La Commission parlementaire « Environnement et Santé publique » rejette toutefois la proposition. En juin 2010, la même proposition est également rejetée en assemblée plénière.

Selon l'organisation *Corporate Europe Observatory*[38], ce résultat favorable à l'industrie agro-alimentaire est la conséquence d'une intense activité de lobbying de la part des entreprises agro-alimentaires mais aussi de stratégies diplomatiques efficaces aussi bien sur le plan européen qu'auprès des gouvernements nationaux. Les activités diplomatiques des entreprises ont pris la forme de plusieurs initiatives :

- La participation d'experts représentants les intérêts industriels (CIAA ou entreprises à titre individuel) dans les groupes de travail organisés par la Commission européenne (Direction générale « Santé et sécurité alimentaire ») ;
- La coordination des entreprises agro-alimentaires avec les entreprises de la grande distribution qui étaient également

[37] Cf. "Front-of-Pack Food Labelling, Traffic light labelling gets the green light" (2008), Ipsos-Eureka Social Research Institute au benefice de 5 associations civiles dans le domaine de la santé : *Choice, Institution of Obesity, Nutrition & Exercice, Public Health, Obesity Policy Coalition, Cancer Council.*

[38] "A red light for consumer information: The food industry's €1-billion campaign to block health warnings on food", *Corporate Europe Observatory*, June 2010.

opposées au système MTL (Tesco, Carrefour…) et avec leurs organisations professionnelles (EuroCommerce[39] notamment) ;

- Le lancement, via un cabinet spécialisé, d'une vaste campagne de communication faisant la promotion du système GDA auprès des citoyens européens ; les diplomates de la CIAA ont même convaincu certains États de financer directement des campagnes de promotion du système GDA[40] ;

- L'organisation de manifestations de relations publiques associant des responsables de la Commission européenne[41] ;

- Le lancement d'une étude, financée par la Commission européenne, sur le comportement des consommateurs face à l'information nutritionnelle. Cette étude a été menée par un think tank (EUFIC, European Food Information Council) lié aux industriels agro-alimentaires[42]. Les résultats de cette étude ont conforté la Commission européenne (DG Santé et Sécurité alimentaire) dans son soutien au système d'information nutritionnelle GDA ;

- Le lobbying direct auprès des parlementaires et de leurs assistants : demande de rendez-vous, courriers, e-mails[43], tenue d'un stand en faveur du système GDA dans l'enceinte du Parlement[44], proposition d'amendements clés en main[45], consignes de vote.

---

[39] Confédération européenne des fédérations et organisations professionnelles nationales représentant les intérêts de la distribution.

[40] Par exemple en 2009 en Grèce, dont l'industrie agro-alimentaire était fortement opposée au système MTL.

[41] Le cabinet Fleishman-Hillard organisé pour le compte de la CIAA un déjeuner débat le 2 mars 2010 au cours duquel le DG « Santé et Sécurité alimentaire » était l'invité vedette.

[42] Selon le Corporate Europe Observatory, les membres de EUFIC (en 2010) sont : Barilla, Cargill, Coca-Cola HBC, Coca-Cola, DSM Nutritional Products Europe Ltd., Ferrero, Danone, Kraft Foods, Mars, McCormick Foods, McDonald's, Nestlé, Novozymes, PepsiCo, Pfizer, Procter & Gamble, Südzucker, Unilever et Yakult.

[43] Une députée européenne siégeant à la commission « Environnement et Santé publique » affirme avoir reçu jusqu'à 150 mails par jour lors des périodes de pointe du lobbying exercé par les représentants des industriels.

[44] Durant 3 jours en novembre 2009.

[45] 800 amendements ont été votés par la commission « Environnement et Santé publique » ; tous ne sont pas liés toutefois à l'étiquetage nutritionnel.

Par ailleurs, les industriels de l'agro-alimentaire ainsi que leurs organisations professionnelles ont mené, à titre individuel ou collectives, de larges campagnes relationnelles pour influencer leurs autorités nationales. Ainsi, en France, l'ANIA (Association Nationale des Industries Agro-alimentaires) a relayé l'opposition des industriels au système MTL et son soutien au système GDA, auprès du Gouvernement français, mais aussi des élus français au Parlement européen[46].

Pour le *Corporate Europe Observatory*, et relayant la perception de certains responsables politiques européens (parlementaires, assistants parlementaires), la campagne d'influence menée par l'industrie agro-alimentaire fait partie des campagnes les plus intenses, en termes de pression exercée sur les décideurs publics, enregistrés au niveau des institutions européennes. Au final, si l'étiquetage nutritionnel devient ainsi obligatoire à partir du 16 décembre 2016[47], les institutions européennes n'imposent pas un système d'information nutritionnel particulier et renvoient sa mise en œuvre aux différents états membres.

Discussion et conclusion

L'analyse du cas de l'étiquetage nutritionnel illustre parfaitement l'utilité de la diplomatie stratégique pour les entreprises. Grâce aux capacités et aux ressources politiques dont elles disposent sur le plan européen (représentation confédérale unifiée via le CIAA ; bureaux de représentation des grandes entreprises comme Coca-Cola, Danone ou encore Nestlé, réseaux d'experts, think tank portant les intérêts de l'industrie…), les entreprises du secteur ont pu largement anticiper les évolutions réglementaires et, surtout, bloquer, lorsque cela devenait nécessaire, les initiatives politiques contraires à leurs intérêts.

---

[46] Voir par exemple : Esther Kaljoni, « Étiquetage nutritionnel, points de vérification », www.ania.fr ; Camille Harel, *Bras de fer autour de l'étiquetage nutritionnel,* LSA, 8 avril 2015 ; Olivier Petijean, *Comment les géants de la malbouffe ont sapé (et continuent à saper) l'étiquetage nutritionnel,* Observatoire des multinationales, 18 décembre 2017.

[47] Règlement INCO n° 1169/2011

À titre individuel (pour les plus grandes) et collectif, les entreprises ont déployé toute la panoplie des activités diplomatiques et politiques que nous avons recensées dans la première partie (Hillman et Hitt, 1999 ; Saner *et al.*, 2000).

Le cas montre bien comment les activités diplomatiques des entreprises ont été adaptées au contexte institutionnel dans lequel elles se déploient. Le recours aux experts pour infléchir les débats techniques sur les solutions discutées par les services de la Commission européenne ou encore la mise en œuvre d'activités d'influence aussi bien à l'échelle de l'Europe qu'à l'échelle des États membres (Grèce, Italie, France, etc.) montre bien que la diplomatie des entreprises a été adaptée aux règles qui régissent les processus de décision européens.

Le cas illustre également la conduite d'une stratégie politique proactive (Oliver et Holzinger, 2008) puisque, notamment sous l'impulsion de la CIAA, les entreprises du secteur ont proposé volontairement un système d'information nutritionnel répondant, au moins en partie, à la demande des institutions européennes et à la demande de la société civile. Cette stratégie volontaire a permis aux industriels de gagner en légitimité vis-à-vis de la Commission européenne, mais aussi, vraisemblablement, vis-à-vis des citoyens européens. L'importante campagne d'information menée auprès des consommateurs à propos du système GDA, a dû contribuer à une forme d'acceptabilité sociale des entreprises agro-alimentaires pour une problématique – la qualité nutritionnelle des produits alimentaires industriels – où leur légitimité sociale reste incertaine.

Enfin, l'exemple confirme que l'articulation que nous avons proposée entre la stratégie politique et la diplomatie d'entreprises. Le recours aux relations avec des parties prenantes comme les think tanks (*European Food Information Council*), les clients (*Carrefour, Tesco, EuroCommerce*, etc.), les journalistes, voire certaines associations de consommateurs, pour appuyer et/ou relayer les démarches politiques des industriels montre bien le lien entre stratégie politique et activités diplomatiques (Henisz, 2014). Il faut également noter que plusieurs entreprises agro-alimentaires ont présenté leur adoption – volontaire – du système GDA comme une initiative relevant de leur stratégie de responsabilité sociale (RSE), car favorisant la transparence auprès des consommateurs[48].

Cet exemple soulève cependant une interrogation quant à la nature des activités diplomatiques déployées par les entreprises. Les différentes définitions de la notion de diplomatie d'entreprise ou diplomatie stratégique font référence à des termes comme « paisible » (Steger, 2002), « tact », « finesse » (Saner *et al.*, 2000). Comme le souligne Alix (2014), la diplomatie stratégique représente l'exercice d'une forme de *smart power*, une gestion intelligente du pouvoir d'influence. La diplomatie stratégique est également supposée éviter les « conflits » entre l'entreprise et ses parties prenantes. Dans le cas de la réglementation de l'étiquetage nutritionnel, et si l'on prend en compte la version rapportée par l'association *Corporate Europe Observatory*, la diplomatie stratégique des entreprises relèverait plutôt de l'exercice d'un *hard power* : occupation du terrain politique par la proposition d'un système ne prenant pas en compte tous les enjeux de l'information nutritionnelle, monopolisation des groupes d'experts auprès de la Commission européenne, pouvoir économique permettant de peser sur les orientations politiques à l'échelle européenne comme à l'échelle nationale, utilisation du pouvoir financier pour promouvoir par anticipation un système, pression exercée sur les parlementaires, etc. On pourrait également s'interroger sur les raisons qui ont conduit certaines entreprises (Pepsico, Mars, McCain Foods, Nestlé…) à rejeter un compromis avec les positions défendues par associations civiles au niveau européen, pour finir par l'accepter au niveau du marché britannique. Ces décisions méritent d'être vérifiées auprès des acteurs concernés[49]. L'étude

---

[48] On peut citer Danone qui, en 2006, communique le message suivant : « *En Europe, plus de 90% des produits DANONE affichent un étiquetage nutritionnel sur leur packaging indiquant au moins les calories, les protéines, les glucides et les lipides pour 100 g. Le 11juillet 2006, le Groupe DANONE s'est engagé, aux côtés de six grands groupes de l'industrie agroalimentaire et devant l'Union européenne, à aller plus loin en matière d'étiquetage nutritionnel* ». Source : http://media.corporate.

[49] Il est prévu dans une version approfondie de l'étude de cas de compléter la collecte d'informations secondaires par des entretiens avec les principaux acteurs : CIAA, ANIA, Danone, Nestlé, notamment.

de cas pose néanmoins la question de la compatibilité de la démarche de diplomatie stratégique avec des actions non éthiques (Sachet-Milliat, 2010) voire illégales (Lascoumes, 2011). Il s'agit effectivement de relativiser la vision parfois un peu naïve – ou volontairement édulcorée – de certains auteurs traitant de la diplomatie d'entreprise où les questions de conflits, d'exercice du pouvoir ou de manipulation sont éludées. Nous pouvons convoquer Bismarck pour mieux situer les enjeux des activités diplomatiques des entreprises : « La diplomatie sans les armes, c'est la musique sans les instruments ».

Pour autant, le concept de diplomatie stratégique sous semble plus fécond que celui de stratégie politique. D'une part, il permet de prendre en considération les relations de l'entreprise avec tous les acteurs de l'environnement sociopolitique de l'entreprise ou toutes les parties prenantes de l'entreprise. D'autre part, il permet d'articuler conceptuellement la stratégie politique de l'entreprise et avec sa stratégie de responsabilité sociale, l'enjeu pour l'entreprise étant l'alignement de sa stratégie diplomatique avec sa stratégie de développement (Lawton et Rajwani, 2015). Ces deux dimensions constituent des perspectives de recherche stimulantes.

Références

Alix, T., 2015, Note de lecture de Witold J. Henisz, 2014, *Corporate diplomacy – building reputations and relationships with external stakeholders*, Edition Greenleaf Publishing, Sheffield, *Revue Française de Gestion*, 2015/7, 252, pp. 189-196.

Amann, W., Khan, S., Steger U., Ionescu-Somers, A., 2007, "Managing external pressures through corporate diplomacy", *Journal of General Management*, 33(1), pp. 33-49.

Asquer, A., 2012, « What is Corporate Diplomacy? », *SSRN Electronic Journal*, February, pp. 1-17.

Attarça, M., 2007, « L'utilisation de la communication et de l'information dans les démarches de lobbying des entreprises : enjeux managériaux et sociétaux », *Revue Française de Marketing*, 211(1/5), avril-juin, pp.65-90.

Attarça, M., 2002, « Les ressources politiques de l'entreprise : proposition d'une typologie », *Actes de la XIe Conférence annuelle de l'AIMS*, Paris.

Baron, D. P., 1995, "Integrated Strategy: Market and Nonmarket Components", *California Management Review*, 37(2), Winter, pp. 47-65.

Bonardi, J. P., Hillman, A. J., et Keim, G. D., 2005, "The attractiviness of Political Markets: Implications for Firms Strategy", *Academy of Management Review*, 30(2), pp. 397-413.

Bouwen, P., 2002, "Corporate Lobbying in the European Union: The Logic of Access", *Journal of European Public Policy*, 9, pp. 365-390.

Carron de la Carriere, G., 1998, *La Diplomatie économique. Le Diplomate et le marché*, Paris, Economica.

Coen, D., Richardson, J., 2009, *Lobbying the European Union: Institutions, Actors, and Issues*, OUP Oxford.

Dahan, N., Doh, J., Raelin J., 2014, "Pivoting the role of Government in the business & Society interface: A stakeholder perspective", *Journal of Business ethics*, published online, 1 august.

Dahan, N., 2005, "A Contribution to The Conceptualization of Political Resources Utilized in Corporate Political Action", *Journal of Public Affairs*, 5(1), pp. 43-54.

Dahan, N., 2009, "The four Ps of Corporate Political Activity: a Framework for Environmental Analysis and Corporate Action", *Journal of Public Affairs*, 9, pp. 111–123.

Dahan, N., Hadani, M., et Schuler, D., 2013, "The Governance Challenges of Corporate Political Activity", *Business & Society*, 52(3), pp. 365-387.

Doh, J., Lawton, T., Rajwani, T., 2012, "Advancing nonmarket strategy research: institutional perspectives in a changing world", *Academy of Management Perspectives*, August, 26(3), pp. 22-39.

Dutton, J. E, Ottensmeyer, E., 1987, "Strategic Issue Management Systems: Forms, Function, and Contexts", *Academy of Management Review*, 12(2), pp. 355-365.

Foucard, S., 2013, *La fabrique du mensonge : comment les industriels manipulent la science et nous mettent en danger*, Paris, Folio.

Freeman, R. E., 1983, "Strategic Management: A stakeholder approach", *Advances in Strategic Management*, 1(3), pp. 1-60.

Getz, K. A., 2002, "Public affairs and political strategy: Theoretical foundations", *Journal of Public Affairs*, 1/2(4/1), pp. 305-329.

Gueguen, D., 2007, *European lobbying*, Bruxelles, Europolitics, 2nd edition.

Gueguen, D., 2011, *Comitologie : le Pouvoir européen confisqué*, Bruxelles, Europolitique.

Harris, P., Fleisher, C. S., 2005, *The Handbook of Public Affairs*, Sage Publications.

Henisz, W. J., 2014, *Corporate diplomacy – building reputations and relationships with external stakeholders*, Edition Greenleaf Publishing, Sheffield.

Hillman, A., Keim, G., 1995, "International variation of the business-government interface: institutional and organizational consideration", *Academy of Management Review*, 20(1), pp. 193-214.

Hillman, A., Keim, G., et Schuler, D., 2004, "Corporate political activity a review and research agenda", *Journal of Management*, 30, pp. 837-857.

Holburn, G. L. F., Van Den Bergh, R. G., 2013, "Integrated Market and Non Market strategies: Political Campaign Contributions Around And Acquisition Events In The Energy Sector", *Strategic Management Journal*, 35, pp. 450-460.

Klüver, H., 2011, "Lobbying in coalitions: Interest group influence on European Union policy-making", *Nuffield's Working Papers Series in Politics*, 28 February.

Koenig, G., 2015, « Stratégies politiques, avantage concurrentiel et performances », *Revue Française de Gestion*, 7(252), pp. 89-108.

Lascoumes, P., 2011, *Une démocratie corruptible*, Pari, Seuil, La République des idées.

Laurens, S., 2015, *Les courtiers du capitalisme : milieux d'affaires et bureaucrates à Bruxelles*, Paris, Agone.

Lawton, T., Rajwani, T., 2015, *The routledge companion to non-market strategies*, Routledge.

Limousin, L., 2007, *Les métiers du lobbying et des affaires publiques*, Paris, Ellipses Marketing.

London, M., 1999, "Principled leadership and Business Diplomacy A practical, values-based direction for management development", *Journal of Management Development*, 18(2), pp. 170-192

Lord, D. M, 2000, "Constituency-based Lobbying as Corporate Political Strategy: Testing an Agency Theory Perspective", *Business and Politics*, 2(3), pp. 289-308.

Lucas, D. (dir), 2012, *Les diplomaties d'entreprises : pouvoirs, réseaux, influence*, Paris, Choiseul.

Luo, Y., 2001, "Toward a cooperative view of MNC-host government relations: Building blocks and performance implications", *Journal of International Business Studies*, 32(3), pp. 401-419.

Marcus, A. M., 1984, *The Adversary Economy*, Quorum Books.

Mc Guire, S., Lindeque, J., et Suder, G., 2012, "Learning and lobbying: emerging market firms and corporate political activity in Europe", *European Journal of International Management*, 6(3), pp. 342-362.

Mitnick, B. (ed.), 1993, *Corporate Political Agency: The Construction of Competition in Public Affairs*, Sage Publications.

Morbois, G., 2014, *L'influence du lobbying sur le processus décisionnel européen*, Sarrebrück, Éditions universitaires européennes.

Muldoon, J. P. J., 2005, "The Diplomacy of Business", *Diplomacy and Statecraft*, 16, pp. 341-359.

Oberman, W. D., 1993, "Strategy and tactic choice in an institutional resource context", in Mitnick, B., *Corporate political agency*, Newbury Park, Sage, pp. 213-241.

Oberman, W. D., 2004, "Framework for the Ethical Analysis of Corporate Political Activity", *Business & Society Review*, 109(2), pp. 245-262.

Oliver, C., Holzinger, I., 2008, "The Effectiveness of Strategic Political Management: a Dynamic Capabilities Framework", *Academy of Management Review*, 33(2), pp. 496-520.

Ordeix-Rigo, E., Duarte, J., 2009, "From Public Diplomacy to Corporate Diplomacy: Increasing Corporation's Legitimacy and Influence", *American Behavioral Scientist*, 53, pp. 549-564.

Oreskes, N., Conway, E. M., Treiner, J., 2014, *Les marchands de doute, ou comment une poignée de scientifiques ont masqué la vérité sur des enjeux de société tels que le tabagisme et le réchauffement climatique*, Paris, Éditions le Pommier.

Pfeffer, J., Salancik, G., 1978, *The external control of organization, a ressource dependance perspective*, Herper & Row Publishers.

Pijnenburg, B., 1997, « Euro-lobbying par des coalitions *ad hoc* : une analyse exploratrice », *Politique et management public*, 15(2), Juin, pp. 97-121.

Raufflet, E., 2014, « De l'acceptabilité sociale au développement local résilient », *VertigO, la revue électronique en sciences de l'environnement*, 14(2), septembre.

Rehbein, K. A., et Schuler, D. A., 1999, "Testing the Firm as a Filter of Corporate Political Action", *Business & Society*, 38(2), pp. 144-166.

Rival, M., 2015, « Alignement stratégique et stratégies politiques. Un entretien avec Thomas Lawton », *Revue française de gestion*, 7(252), pp. 183-187.

Rival, M. Chanut, V., 2015, « Les stratégies politiques des organisations. De nouvelles perspectives pour la recherche en sciences de gestion », *Revue Française de Gestion*, 7(252), pp. 71-88.

Ruël, H., Betlem, F., Wolters, T., Van der Kaap, H., 2013, "Business diplomacy in MNCs - an empirical study on its determinants", Paper presented at the EIBA 2013, pp. 1-55.

Ruël, H., Wolters T., Loohuis R. (2013), "Business diplomacy in multinational corporations (MNCs): An exploratory study", working paper, sur <http://diis.omega.oitudv.dk/>, p. 1-29

Sachet-Milliat, A., 2010, « Les dérives éthiques des stratégies politiques des firmes », *Management et Avenir*, 33, pp.325-345.

Saner, R., Yiu, L., 2005, "Swiss Executives as Business Diplomats in the New Europe: Evidence from Swiss Pharmaceutical and Agro-Industrial Global Companies", *Organizational Dynamics*, 34(3), pp. 298-312.

Saner, R., Yiu, L., Sondergaard, M., 2000. "Business diplomacy management: a core competency for global companies", *Academy of Management Executive*, 14(1), pp. 80-92.

Saner, R., Yiu, L., 2001, "International Economic Diplomacy: Mutations in Post Modern Times", *Discussion Paper in Diplomacy*.

Simcic Brønn, P., Brønn, C., 2002, "Issues management as a basis for strategic orientation", *Journal of Public Affairs*, 2: 4, 247-258.

Steger, U., 2002, *Corporate Diplomacy: The Strategy for a Volatile, Fragmented Business Environment*, John Wiley & Sons.

Strange, S., 1992, "States, Firms and Diplomacy", *International Affairs*, 68(1), pp. 1-15.

Suchman, M. C., 1995, "Managing Legitimacy: Strategic and Institutional Approaches", *The Academy of Management Review*, 20(3), pp. 571-610.

Van Schendelen, M. P. C. M., 2013, *The Art of Lobbying the EU: Machiavelli in Brussels*, Amsterdam University Press.

Wolters, T., 2012, *Business diplomacy in multinational corporations: An exploratory qualitative study*, Master's thesis, University of Twente, the Netherlands.

Wood, D. J., 1991, "Corporate Social Performance Revisited", *Academy of Management Review*, 16(4), pp. 691-718.

Mourad Attarça *est maître de conférences en sciences de gestion et directeur de la formation continue de l'Institut Supérieur de Management, IAE de Versailles Saint-Quentin-en-Yvelines.*

Chapitre 5

Defence diplomacy of the Central and Eastern Europe Countries

Jozef Žigray

Résumé : *La diplomatie de défense ou la diplomatie militaire n'est pas nouvelle, en tant qu'instrument de la politique étrangère et de sécurité des États, mais elle a de nouvelles missions. Ce chapitre présente les caractéristiques de la diplomatie de défense dans la dynamique des changements, en matière de sécurité et du point de vue d'un État d'Europe centrale et orientale, membre de l'OTAN et de l'UE. Pour autant, les développements ne sont pas uniquement valables pour la République slovaque, car la situation pour les autres pays d'Europe centrale et orientale est identique.*

Mots-clés : *Diplomatie de défense - Pays d'Europe centrale et orientale - Politique étrangère et de sécurité commune - Politique de sécurité et de défense commune - Service européen pour l'action extérieure*

The post-Cold War situation has resulted in dynamic changes of the European and global security environment with implications for the formation of a new security architecture. There have also been several challenges and threats, often suppressed in the past. Moreover, there are still new ones, not yet known or recognized. To address them, actors in international relations are looking for effective tools like defence diplomacy. One of the first tasks of defence diplomacy after the Cold War was to participate in the armed forces reforms of the former

Eastern bloc countries within the framework of the comprehensive democratization and to bring them closer to the standards of advanced liberal democracies.

At present, the actors' intention is to take full advantage of their armed forces' potential in peacetime to avoid using them in armed conflicts. Consequently, current defence diplomacy is also used in preventive diplomacy and crisis management, including humanitarian issues and natural disaster relief. The development of current defence diplomacy encourages new trends and approaches in its theory and practice. Defence diplomacy of all actors has limited capacities for effective realization of their goals. That is why the states and international organizations are constantly seeking ways to increase the effectiveness of military diplomacy in its bilateral and multilateral dimension.

What defence diplomacy after the Cold War?

The collapse of communism in Central and Eastern Europe Countries (CEECs) denotes the end of the Cold War and, at the same time, the beginning of the transition of CEECs from their former regimes towards the models of Western liberal democracies. Armed forces traditionally play an important role in the society. Therefore, their successive transition and consistent democratic political control were a very important moment for the overall success of reforms, new types of relations with the West, and future integration of CEECs into NATO and the EU.

The modern defence diplomacy (DD) of the CEECs has contributed significantly to achieve these goals. The role of armed forces has been traditionally defined by the functional imperative of the use or threat of force - whether for purposes of defence, deterrence, compliance or intervention. Defence diplomacy, in contrast, involves the peacetime cooperative use of armed forces and related infrastructure (primarily defence ministries) as a tool of foreign and security policy (Cottey & Forster, 2004, pp. 5-6).

The development of contemporary DD in the CEECs is thus closely tied to significant changes to the post-Cold War security environment, coupled with current challenges and new approaches despite the fact that the term itself is not new at all. In the Cold War period, the term defence diplomacy or military diplomacy usually meant the isolated and uncoordinated activities of military co-operation such as military talks, military negotiations, military assistance, and supplies of arms, weapon systems or military equipment, joint military training, military education and so on. Despite some differences in terms of defence diplomacy and military diplomacy, for the purposes of this article, we can consider both terms equivalent. The activities of DD were carried out mainly by allies inside both the main blocks (NATO and Warsaw Pact), but also towards the developing countries as a part of the realpolitik of the implementing states.

The new approaches allowed better concentrating and streamlining the effort of DD and deepening its direct and narrow connection with the objectives of the states' foreign and security policy. This modern understanding of DD enabled to define it in different countries, like the United Kingdom, as a one of the new missions of the armed forces (AF). The United Kingdom (UK) in the Strategic Defence Review White Paper (SDR 1998) first mentioned the modern concept of defence diplomacy.

The UK responded to the new situation and challenges from the end of the Cold War and it has decided to make DD one of the core missions which define the activities expected from the current armed forces as follows: "*to provide forces to meet the varied activities undertaken by the Ministry of Defence to dispel hostility, build and maintain trust, and assist in the development of democratically accountable armed forces (thereby making a significant contribution to conflict prevention and resolution*" (Dodd & Oakes, 1998, p. 22). The CEECs accepted the new Western concepts and approaches to DD as well as the role of accountability of their armed forces for building their states based on democratic principles. In the 1990s, the new DD concept of the United Kingdom was mainly focused on democratic transitions in Eastern part of Europe while the French concept was more focused on Africa with an effort to balance them towards eastern part of Europe. But the main goals were however similar, since both countries tried to promote the modernization of armed forces in a democratic environment and to train partners to peacekeeping operations especially in the Balkans in order to enhance their regional capabilities (Zipper de Fabiani, 2002, pp. 614-629).

After the events of 11 September 2001, the phenomenon of terrorism has been fully demonstrated. The UK responded by publishing the New Chapter to its Strategic Defence Review. The New Chapter (2002) was focused on the threat of strategic effect terrorism. It also discussed the impact of technological change on the military (UK MOD, 2002, 31 p.). After 11th September, a new role was given to the defence diplomacy to actively participate in the fight against terrorism. The CEECs again responded to the new challenges and joined the counter-terrorist coalition led by the West. In this way, the defence diplomacy of the CEECs has successfully coped with its traditional and new missions while continuing to support the successive entry of their countries into NATO and the EU.

Cottey and Forster distinguish between old defence diplomacy, with its realpolitik emphasis on countering enemies, and new defence diplomacy, with its emphasis on engagement with potential enemies, support for democracy, good governance and human rights, enabling states to deal with their own security problems. They also accept the new defence diplomacy currently exists alongside the old, and there are still some tensions between the two (*Ibidem*, p. 8).

In terms of conditions of the CEECs, the current missions of their defence diplomacy after the Cold War represented a combination of traditional and modern elements, in order to meet the objectives of foreign and security policy with the emphasis on:

- Building trust with former enemies (NATO) as well as with former allies (Warsaw Pact);
- Supporting of conflict prevention measures, non-proliferation, arms control programs and regimes especially the common inspections;
- Participating in shaping of a new European security architecture;

- Increasing accountability and role of democratically elected civilian defence management as one of the conditions for entry into NATO and the EU;
- Doing training and education activities to develop capacities and capabilities of their armed forces to participate in solutions of new security challenges; participating in the fight against terrorism alongside the Western liberal democracies.

The CEECs' defence diplomacy has also been involved, perhaps less clearly but more importantly, in addressing other major regional challenges such as:
- Security guarantees for all in the gray zone resulting from the collapse of the Warsaw Pact;
- Break-up of the former USSR, Yugoslavia, Czechoslovakia; reunification of Germany;
- Emergence of new states' actors in the region;
- Red Army withdrawal from Czechoslovakia, Poland, Hungary, East Germany;
- Persistence of injustices from the era of communism often associated with nationalism;
- Negative consequences of the conversion of defence industry (collapse of heavy industry and international arms co-operation in Central and Eastern Europe);
- Realization of the deep security and defence sector reforms linked to the development of key strategic documents in the field of security and defence.

In addition to the common regional challenges, each of the CEECs faced its own security challenges. For example, Slovakia as a new democracy and a new independent country on the map of Europe also had to deal with some specific issues like: velvet revolution → peaceful divorce → independence → integration into the NATO and EU; disintegration of the Czechoslovak People's Army and its division in a 2:1 ratio; creation of the Ministry of Defence, the Slovak Army Command and other defence structures.

Some of the internal issues were directly related to defence diplomacy as: formation of independent foreign policy and diplomatic service; shaping of a state security system and state defence system with appropriate elements; building of functional DD system with new management and staff; building the network of DD representation abroad, respecting the priorities and principles of reciprocity; support for state diplomacy and credibility of the Slovak republic; creating a positive image of the Slovak Army (now Slovak Armed Forces) especially through DD activities with countries interested in intensive military cooperation (the case of France in 1990s); mitigation of the negative consequences of disintegration of the Slovak defence industry.

We can generally evaluate, the CEECs responded well to new approaches to defence diplomacy in a new security environment. Their DD has successfully fulfilled its missions and tasks and helped to achieve the fundamental objectives of foreign and security policy like transformation and democratization of society, restructuralization of security and defence systems, integration into transatlantic structures and active engagement in addressing current security threats and challenges.

What defence diplomacy for the present time?

The current defence diplomacy is developing dynamically in the area of its theory and practice. In the field of development of its theory, we can see many different interpretations of what defence diplomacy exactly is. These attempts confirm the growing interest in defining the concept. For the purpose of this article, we prefer to distinguish two different approaches or views that do not exclude each other.

1. A closer view at DD looks to be more traditional. It understands DD as a tool of the state's foreign and security policy and emphasizes its contribution to the AF and the defence sector through military cooperation, assistance and confidence-building activities. The expansion of the scope of DD is seen in preventive diplomacy, international crisis management and international organizations. Narrow approach prevails for most traditional definitions.

2. A wider view at DD highlights its importance as a tool of statecraft and the realization of the state's soft power. Gregory

Winger, as one of the supporters of this vision of DD, is inspired by the works of Joseph Nye as, *Bound to Lead: The Changing Nature of American Power* (1991), *The Paradox of American Power: Why the World's Only Superpower Can't Go it Alone* (2003), and *Future of Power* (2011). Winger in Nye's concept of power identifies three specific varieties of power: hard power, economic power, and soft power. He understands the defence diplomacy as an exercise in the direct application of soft power. Winger defines the defence diplomacy as a "*peaceful use of the defence institutions of one country to co-opt the government institutions of another country in order to achieve a preferred outcome*" (Winger, 2014, p. 6). Operations referred to as military operations other than war (MOOTW) are a good example of a wider perspective of defence diplomacy and an effective way to promote state's soft power. Peace Operations (PO), Humanitarian Assistance and Disaster Relief (HADR) and Non-combatant Evacuation Operations (NEO) as a part of MOOTW, improve the image of the armed forces and the state - implementer abroad. They also help to gain public opinion and decision-maker elites of the state - recipient for goals of foreign and security policy of the state - implementer. However, the current defence diplomacy practice is based not only on theoretical approaches.

The defence capacities of the state and its armed forces, which are often direct implementers of DD activities, are also limiting factors in its application. I believe, smaller states seem to tend more to narrower understanding of DD in theory and practice. Their capacities are often limited and they are not able to use the full range of options of the tool of defence diplomacy in favour of their foreign and security policy goals. In order to minimize the limits of capacities, and to remain a full-fledged actors in international affairs, states in their current defence diplomacy apply trends which the Geneva Centre for the Democratic Control of Armed Forces has expressed as: from bilateral attachés to multilateral military advisors, from the developed world to the developing world, from bilateral accreditation to multiple accreditation, from in-country deployment to home country base, from permanent to temporary stationing defence attaché, from defence attaché to security attaché (Geneva Centre for DCAF, 2007, p. 4-6). Despite the relatively broad acceptance of these trends by CEECs, it is questionable whether they are in full compliance with the intentions of Vienna Convention on Diplomatic Relations (United Nations, 1961, p. 95).

What defence diplomacy for the future?

In the light of the complicated and complex development of the global and regional security environment, the current trends of defence diplomacy mentioned above, can only act as incomplete and provisional solutions. A crucial role in decision-making plays the analysis of the actor's security environment and the deeper theoretical elaboration of its DD issues. The final decision on the future of DD requires a comprehensive assessment and has to be taken by each sovereign state. I believe, the CEECs will be forced to rebuild their defence diplomacy systems to look for adequate solutions to the future effective engagement of their DD at bilateral and multilateral level. In the process of finding suitable solutions for defence diplomacy, it would be useful for them to answer some of the key questions like: (1) What appropriate definition of defence diplomacy? (What exactly DD should be and how it could serve?); (2) Narrow or wider view at defence diplomacy? (Just a tool of foreign and security policy in contact with partners or application of the soft power towards the partners?); (3) General limits of DD? (More military, more defence, or even more security diplomacy?).

No less important could be solutions regarding strategies and policies of its practical realization as: limits of the state's or international organizations' engagement in the field of DD; focus on bilateral or multilateral dimension of DD; emphasis on own capacities, regional cooperation with other CEECs (e.g. Visegrád Group - V4), with strong individual actors, or cooperation within the NATO and EU; larger support for common and coherent NATO and EU DD or more independent DD of each member state; dense or thin network of DD representation; prevailing criteria for building of state's DD network (political, security, economy, defence, military, intelligence, regional, national, coalition, others); budget for defence and for DD.

The CEECs, respecting their own limits and capacities, confirm their interest in making effective use of the DD tool for the achievement of the objectives of their foreign and security policy. At the same time, they clearly declare that the future of their prosperity and security is connected with their active membership in NATO and the EU. They confirm their interest in contribution to the promotion of NATO and EU policies by using all instruments of these organizations, including DD. Based on the theory of power, both organizations as important global actors of international relations; apply their hard, economic and soft power. NATO, as a military alliance, is closer to use its hard power, where the military instrument of organization plays an important role. The EU, as economic and political union of states, is closer to use its economic and soft power. In international relations the tool of diplomacy, and defence diplomacy as its component, is very important and appropriate for the EU CFSP and CSDP. From this angle, the question of priority seems to be irrelevant, as NATO and the EU should not compete in the security and defence matters but complement each other. We need NATO and we need the EU too. To take appropriate solutions about the role of DD in both the organizations, the way of thinking is important. Thinking as a military - NATO first? Thinking as a diplomat - EU first? The dilemma of the term defence diplomacy remains.

Reshaping the EU defence diplomacy?

At present, modern DD is considered to be a very effective instrument of foreign and security policy. Significant actors like USA, China, and Russia use it skilfully for the sake of their foreign, security and defence policy goals. NATO, as a long-standing well-functioning alliance, uses the defence diplomacy tool whenever possible. The EU has its Common Foreign and Security Policy (CFSP) with Common Security and Defence Policy (CSDP), its European External Action Service (EEAS) with the European Union Military Staff (EUMS) and a wide range of agencies, structures and mechanisms where the tool of DD can be effectively used. However, the use of the common EU DD does not appear to be sufficiently clear.

More visible is in the work of the EU's top officials, less on the level of its executive bodies. This situation reduces the effectiveness and coherence of CFSP and CSDP. It also weakens the role of the EU as a global actor of international relations at a time when the EU does not have a complete set of instruments, like the EU armed forces, for implementing its policies. From the view of external actors of foreign relations, such EU DD acts rather as a mixture of defence diplomacy of its member states and looks to be less effective in some regions or issues. The CEECs do not have individually sufficient potential and capacities to dynamically develop their defence diplomacy to fully respond and support a wide scope of EU ambitions and goals. The active use of existing or currently shaping common EU DD formats and structures therefore should be welcomed by them. What is the current and possible potential of the EU organs, agencies, institutions and mechanisms in the field of common EU DD?

European External Action Service (EEAS) and European Union Military Staff (EUMS). Within EEAS, the EUMS is the source of military expertise. The EUMS roles are mainly to provide early warning, situation assessment, strategic planning, Communications and Information Systems, concept development, training & education, and support of partnerships (EEAS, 2017). Evaluating the place of EUMS in the EEAS structure as well as the core tasks of the EUMS, this structure could have the potential to take over some important functions related to EU DD including more efficient management of the EU structures and EU, or its member states military diplomats dealing with questions of security and defence.

European Defence Agency (EDA). The European Defence Agency (EDA) was established in 2004 to support the Member States and the Council in their effort to improve European defence capabilities in the field of crisis management and to sustain the ESDP (now CSDP). In May 2017, following EDA's Long Term Review, Ministers agreed to reinforce the Agency's mission in accordance with established EDA rules and procedures: as the major instrument at EU level in support of capability development and coordinating with the EEAS and EUMC in their respective areas of responsibility as; a forum and management support structure at EU level for participating Member States to engage in technology and capability development activities; a facilitator towards the European Commission and EU Agencies; an interface upon Member States' request, exploiting wider EU policies to the benefit of defence and as a central operator with regard to EU funded defence-related activities.

In November 2017 EDA made the first concrete step when organizing the workshop to assess PESCO related project proposals. The workshop was co-chaired by the EDA and the EUMS, making up the PESCO secretariat. "*The aim of the workshop was to establish a technical expert-level common understanding on: 1) the scope of PESCO related to project proposals; 2) the practical aspects of implementing these projects; 3) the assessment methodology for all PESCO projects and 4) the proposed way ahead*" (EDA, 2017, p.1). EDA has a very good position within the EU agencies and other structures in supporting and coordinating CFSP and CSDP activities, increasing EU defence capabilities, including crisis management and the role of the instrument of EU defence diplomacy.

Permanent Structured Cooperation (PESCO). At the Bratislava Summit (September 2016), EU leaders decided to give a new impetus to the European external security and defence by strengthening EU cooperation in this area. In December 2016, delivering on this commitment, EU leaders adopted important conclusions: 1. Endorsing the implementation plan on security and defence; 2. Welcoming the proposal by the European Commission of the European defence action plan and 3. Urging swift action to increase cooperation between the EU and NATO. The European Council endorsed the implementation plan on security and defence that was focused on three strategic priorities: 1. Responding to external conflicts and crises; 2. Building the capacities of partners and 3. Protecting the EU and its citizens. Concrete actions to achieve these goals include: launching a coordinated annual review on defence (CARD) to enhance defence cooperation between member states; establishing a permanent structured cooperation (PESCO) to strengthen defence cooperation among those member states willing to go further in this cooperation; setting up a military planning and conduct capability (MPCC) to improve crisis management structures; strengthening the EU's rapid response toolbox, including the EU battlegroups and civilian capabilities (European Council, 2017). In November 2017, ministers from 23 member states signed a joint notification on the Permanent Structured Cooperation, making the first step in the establishment of PESCO.

Finally, in December 2017, the European Council established PESCO with 25 member states participating (except three countries Denmark, Malta, and the United Kingdom). PESCO was introduced as a treaty-based process and participating states agreed on an initial list of 17 projects that are expected to be formally adopted by the Council in early 2018. In the light of a changing security environment and the aforementioned milestones, PESCO has a very promising potential to be a right impetus for improving EU security and defence cooperation. The CEECs have responded positively to the initiative of France and Germany, seeing in PESCO a significant potential and they have been actively engaging in the process of its creation. It is very difficult to imagine that the goals of PESCO can be achieved without intensive use of the instrument of EU DD as well as of DD of its member states. Defence diplomacy should be involved in meeting virtually all of the stated goals.

European Security and Defence College (ESDC). The European Security and Defence College (ESDC) was created as a network college of around 130 certified national training facilities. Network members range from national defence academies to peace universities, from police colleges to diplomatic training institutes with various areas of expertise and backgrounds (ESDC, 2017, p. 25-28). The ESDC is well embedded in the crisis management structures of the EEAS and some of its activities are hosted by ministries, permanent representations, EU institutions or entities like EEAS and EUMS. The ESDC could play more important role particularly in the new training programs specialized in defence diplomacy or inside of already existing CSDP Training Programs.

European Union Military Committee (EUMC). The European Union Military Committee (EUMC), set up in January 2001, is the highest military body of the European Union. The EUMC is composed of the Chiefs of Defence of the EU member states, who are regularly represented by their permanent Military Representatives. The mission of the EUMC is to provide the Political and Security Committee (PSC) with military advice and recommendations on all military matters within the EU. The EUMC is, in practice, an important and active element of the multilateral defence diplomacy. In the future, the EUMC has the obvious potential to play a more significant role in shaping the common EU DD.

European Union Institute for Security Studies (EUISS). The European Union Institute for Security Studies (EUISS), set up in 2002, is an EU agency dealing with the analysis of foreign, security and defence policy issues. EUISS has a main role to foster a common security culture for the EU, support the elaboration and projection of its foreign policy and enrich the strategic debate inside and outside Europe. The Institute's core mission is mainly to provide analyses and forum for discussion that can be of use and relevance to the formulation of EU policy. In carrying out that mission, the EUISS acts as an interface between European experts and decision makers at all levels (EEAS, 2017). Through its activities, the EUISS can actively support and influence the further development of the CFSP/CSDP main instruments, for example in building a coherent culture of theory and practice of the common EU DD. The scope of the article does not allow the listing of all EU structures, agencies and formats providing the whole range for the effective implementation of the common EU DD. The aim was mainly to point to the existing untapped potential of the defence diplomacy tool for the implementation of the CFSP and CSDP.

The importance of defence diplomacy for CEECs' foreign and security policy has been confirmed in practice. Defence diplomacy has the promising potential to more significantly participate in fulfilling the current and future objectives of foreign and security policies of the individual states as well as international organizations. However, defence diplomacy also has its limits. In the case of state actors, it is particularly an appropriate selection of priorities, strategies and policies that must be in line with the potential and capabilities of the state, its armed forces and diplomacy itself. In the case of international organization, this is notably the comprehensive level of integration, functionality and respect for international institutions, its executive bodies and mechanisms.

For now, and especially for the future, the EU member states, including CEECs, have two options to apply their approaches to defence diplomacy: 1. Individual approach based on the goals of their national foreign and security policy, logically affected by limited capacities of their own structures of defence diplomacy. 2. Common and more coordinated approach within the EU based on the objectives of the CFSP/CSDP, supported by common capacities of the EU DD bodies and their management. A combination of both approaches looks to be also appropriate. However, this solution potentially leads to the dominance of one of them and thus poses a threat of weakening the effect of synergy.

States in the use of foreign and security policy enforcement tools may tend to exploit their own potential. The obvious limits of this approach are counterbalanced by the state's ambition to maintain maximum sovereignty in its decision-making on sensitive issues like military intelligence and protection of information, which are generally closely related to DD. The progressive globalization of threats and the deepening integration of efforts to face them, challenge the states to cooperate more closely within international organizations dealing with security and defence issues.

The effectiveness of EU defence diplomacy will depend not only on the level of its integration and the functionality of its relevant structures, but also on the ability of the EU to pursue its CFSP/CSDP objectives using a comprehensive range of the implementation tools. Individual EU member states' approaches to defence diplomacy may strengthen their national positions vis-à-vis other actors in international relations. However, it will be at the expense of the EU as a whole. The gradual alignment of both approaches will most likely require reshaping of the national defence diplomacy of the EU member states as well as of the common EU DD. The EU and its member states need more effective defence diplomacy acting in favour of the CFSP/CSDP in their national and transnational dimensions, especially in a situation when other instruments, such as the EU Armed Forces, are not yet sufficiently effective.

The CEECs in the area of defence diplomacy do not have fully comparable capacities to the militarily stronger EU member states. More intense coordination of the EU DD steps would be useful for the CEECs, particularly in the following areas:

- Formulation of the EU common policies and diplomatic procedures in relation to other actors of international relations with a focus on security and defence;
- More effective coordination of analyses and assessments in the countries of accreditation combined with the adoption of common DD procedures between EU Member States' national embassies and EU diplomatic missions abroad;
- Coordination of the centralized training of future military diplomats in the field of CFSP, CSDP and common EU DD inside the EU structures;
- Search for broader possibilities of posting diplomats to EU missions responsible for defence diplomacy issues, either as EUMS' military officers or, as EEAS' civilian career diplomats with strong military background, so that they will be able of

professional communication with the EU member states' military diplomats.

The integration of the EU is a complex process, which is often at the crossroads of further continuation. The use of common tools to strengthen integration, including DD, looks to be even more complex than in the case of EEAS diplomacy. Compared with diplomacy of international organization, the state's DD has a number of specific features, particularly in the area of national legislation and its management. The idea of deeper international integration of defence diplomacy is supported by increased potential of multinational actor for enforcing its will in international relations.

An important moment is the shaping of a common EU DD culture, which should not be a motley manifestation of the national diplomacy of the member states or to be identified with the defence diplomacy of the most powerful and militarily strongest EU countries.

Almost all EU bodies have, as one of their tasks, preparing staff. The progressive alignment of these procedures within the EU DD could probably be the first tangible step of building a common culture of defence diplomacy inside EU and among its member states.

The term diplomacy is historically related to the term diploma. At the time of the expansion of globalization and mutual communication, the tool of diplomacy is sometimes adopted by different actors in international relations who do not fully meet all criteria for applying this instrument. In the case of the EU it is a paradox that the current use of the defence diplomacy tool lags behind the options. Let us hope that the initiative of France and Germany, which has had a broad support from the CEEC and has resulted in the promising development of the PESCO process, will be not only a good impetus for deepening of European defence cohesion but also the right step for functional and coherent EU defence diplomacy.

References

Cottey, A., & Forster, A., 2004, "Reshaping Defence Diplomacy: New Roles for Military Cooperation and Assistance", *Adelphi Paper 365*, Routledge, The International Institute for Strategic Studies, pp. 5-6.

Dodd, T., & Oakes, M., 1998. "The Strategic Defence Review White Paper", *Research Paper*, 98/91, 15 October, House Of Commons Library. p. 22, sur <http://researchbriefings.files.parliament.uk /documents/RP98-91/RP98-91.pdf> (22.12.2017).

European Council, 2017, "EU cooperation on security and defence. Policies. Security & defence", sur <http://www.consilium.europa .eu/en/policies/defence-security/> (17.12.2017).

European Defence Agency, 2017, "Latest News. EDA and EUMS host workshop on PESCO project proposal", Brussels, 20 November, sur <https://eda.europa.eu/info-hub/press-centre/latest-news/2017 /11/20/eda-and-eums-host-workshop-on-pesco-project-proposals> (22.12.2017).

European External Action Service, 2016, "The European Union Military Staff (EUMS)", sur <https://eeas.europa.eu/topics/com mon-security-and-defence-policy-csdp/5436_en> (22.12.2017).

European External Action Service, 2017, "CSDP structure, instruments, and agencies", sur <https://eeas.europa.eu/head quarters/headquarters-homepage/5392/csdp-structure-instruments-and-agencies_en> (25.12.2017).

European Security and Defence College, 2017, "What we are – what we do. A manual of the European Security and Defence College", Brussels, sur <https://eeas.europa.eu/sites/eeas/files/esdc_what_we _are_-_what_we_do_3rd_edition_2017.pdf> (21.12.2017).

Geneva Center for the Democratic Control of Armed Forces, 2007, Defence Attachés, The DCAF Backgrounder Series on Security Sector Governance and Reform, 07/2007, Geneva, pp. 4-6, sur <https://www.files.ethz.ch/isn/38583/dcaf-backgrounder-defence-attaches.pdf> (22.12.2017).

Ministry of Defence, 2002, "The Strategic Defence Review: A New Chapter", The Stationery Office, Cm 5566 Vol I, sur <http://www. comw.org/rma/fulltext/0207sdrvol1.pdf> (22.12.2017).

United Nations, 1961, "The Vienna Convention on Diplomatic Relations, United Nations", *Treaty Series*, vol. 500, Vienna, p. 95, sur <http://legal.un.org/ilc/texts/instruments/english/conventions /9_1_1961.pdf> (22.12.2017).

Winger, G., 2014, "The Velvet Gauntlet: A Theory of Defence Diplomacy", *What Do Ideas Do?*, ed. A. Lisiak, N. Smolenski, Vienna: IWM Junior Visiting Fellows' Conferences, Vol. 33, p. 6, sur <http://www.iwm.at/publications/5-junior-visiting-fellows-conferences/vol-xxxiii/the-velvet-gauntlet/> (22.12.2017).

Zipper de Fabiani, H., 2002, "Diplomatie de défense et diplomatie préventive vers une nouvelle symbiose entre diplomatie et défense", Centre Thucydide, *AFRI*, Volume III, 2002. pp. 614-629, sur <http://www.afri-ct.org/wp-content/uploads/2006/03/zipper2002.pdf> (22.12.2017).

***Jozef Žigray**, ancien chef du département de la diplomatie militaire (Slovaquie), ancien attaché de défense en France, au Danemark, en Chine. Diplômé de l'IHEDN (Paris, 1993), CHEAR (Paris, 1994). Actuellement doctorant à la Faculté des sciences politiques et des relations internationales de l'Université Matej Bel de Banská Bystrica, spécialisée en diplomatie de la défense, du renseignement, de la sécurité et de la défense de la République populaire de Chine.*

Chapitre 6

Impact of European Integration Deepening on the Development of Information Protection System and the Role of Diplomacy

Miroslav Brvnišťan & Rastislav Kazanský

Résumé : *La question de la protection de l'information, en particulier des informations confidentielles, a amené l'Union européenne à envisager certaines mesures. Pour autant, l'ambiguïté relative au futur développement de l'UE limite les possibilités de développer le champ de la protection de l'information, ce qui peut être perçu négativement en particulier dans le contexte de l'évolution de l'environnement et des nouveaux défis sécuritaires. La protection future de l'information au sein de l'UE dépend directement de la volonté et de la capacité à partager des valeurs communes et à assurer la cohérence des règles et des normes de sécurité au sein des États membres. L'approfondissement de l'intégration européenne semble être un facteur essentiel pour la rationalisation de la protection de l'information pour la protection des intérêts européens communs. Ces questions ont un fort impact sur le développement futur de la diplomatie.*

Mots-clés : *Protection des informations – Sécurité – Avenir de la protection de l'information par la classification*

Protection of information of the European Union (hereinafter referred to as the EU) is a direct result of the historical evolution on the European territory. The ambiguity of the European integration and its immanent goals, different attitudes, interests and legal environment of member states influence institutional and legal environment of the EU, including the information protection. Changing security environment and new security challenges e.g. also in the context of the Ukrainian crisis put unprecedented pressure on security as such (Lenč & Kudrec, 2016), including the security of the system for the information protection, specifically the system for the information protection via classification (hereinafter referred to as the IPC). Attitudes and intentions of respective member states, of various lobbying groups and politicians, of authorities and the EU institutions are not homogeneous, which causes agreeing to different compromises and alternative solutions. Those factors together with the rapid development of communication and information technologies, changing environment and possible situations which are difficult to predict are the main features why must be constantly seeking for new and effective solutions in this area.

The founding of the EU and the integration process of member states into the EU has significantly affected the functioning of the EU security mechanisms. One of the reasons is the fact that the integration process has directly resulted in limitation and transfer of some exclusive powers of the EU member states in favour of the EU. Gradually, the security of member states and implementation of their security interests has become an integral part of security measures within the EU. The member states while participating in the activities of the EU authorities and of emerging security structures, thus directly ensure the consistency and coordination of their national ("internal") measures with the measures being taken within the EU. The manner in which the member states can bring their "internal" steps into accord with the steps adopted within the EU also determines the general efficiency of the common EU system for security and the information protection. EU IPC is seen as an integral part of the EU information management policy. It has been evolved gradually up to its current form when, in general terms, it covers all the information being emerged as a result of the EU activities. In principle, it distinguishes three categories of the EU information - public information, information with limited access (known as "LIMITE UE") and classified information.

A basic legal framework is formed by Regulation (EC) No. 1049/2001 of the European Parliament and of the Council of 30 May 2001 regarding public access to European Parliament, Council and Commission documents (hereinafter referred to as the Regulation). The Regulation deals with the exceptions concerning the access of public to information as well as with the procedure to enable this access. It is set by a system that all documents are accessible to public. Nevertheless, there is a space for exceptions that enable to protect some of the interests of the EU and member states according to specific measures. If necessary, the authorities (i.e. the EU authorities) are entitled to protect their internal processes, for example, management processes, consultations and negotiations in order to preserve their ability to perform the tasks. The Regulation neither explicitly describes the information categories, nor the manner of their protection. However, the Regulation creates a basic prerequisite for limiting public access to information under certain conditions that are further worked up in Article 4 thereof. The general framework defined in such way is used by various EU institutions, agencies and structures of the EU for establishing the rules for the information protection as a counterweight to the general access of public to the EU information.

At the time of the accession of the Slovak Republic to the EU the situation of the IPC was, in retrospect, different. The continuous growth of information and requirements for their protection has resulted in constant adaptation of systems for the information protection, even with regard to practice needs and security changes. The objective is to achieve an adequate security, taking into account the basic requirements of information protection, such as authenticity, accessibility, confidentiality, integrity and non-repudiation within the whole EU uniformly. This goal is quite difficult to reach because possible solutions are determined by such factors as economic, security and political situations. The need to coordinate and unify diverse interests of respective member states has a substantial influence as well. From this perspective, probably the most significant challenge is to harmonize the member states' interests within the EU. (Ivančík, 2012) Moreover, there are system differences, including the relationship "old" versus "new" member states, resulting from the nature of the European integration. As regards the IPC system, the countries that were the founders of the EU and "incorporated" some attributes of their own systems for the information protection into the EU IPC system enjoy a complementary advantage. For new member States, the situation is different as they enforce new requirements, often with unrecognized consequences. Being thorough, there have been finally not only changes resulting from the changes of the security environment but also requirements resulting from organizational changes, from changes and development of legal and institutional environment as a part of the EU internal development.

Accordingly, we will therefore focus on analysis of the current EU IPC system which seems to be uniform and consistent, but in reality it is a complex and comprehensive system consisting of a number of subsystems. These subsystems were created in a certain phase of the European integration and gradually their basis has changed and evolved in line with the interests of member states. In assessing the possibilities of further development of the EU IPC system in relation to possible further EU integration we will concentrate primarily on description of the relationship "the EU development versus the EU member states' interests" and its coherence. The implementation of the member states' interests will be a determinative factor to understand the development of the IPC system and its current status as well as it will be a tool to outline a possible development in the future.

Development of the System for the EU Information Protection via Classification and Implementation of Member States' Security Interests

The origins of the current EU IPC system can be associated with the post-war situation in Europe and with the security and economic interests of the European countries. However, particularly the security interests of individual countries had to be protected which was closely connected with the protection and distribution of important, usually classified information. The IPC field was designed only as a consequence of gradual integration steps of emerging multinational union and of seeking the common interests. Conditions for the creation of the EU we live in today were not provided from the very beginning also with regard to not quite clear aim of the European integration. That aim was only taking shape, step by step. For the foundation base of the future European integration is considered the signature of the Charter of the United Nations in 1945, as a new guarantee to ensure the security and peaceful coexistence of nations in the world, the development of international cooperation and the creation of a forum to address problems of an economic, security and social importance.

The Charter of the United Nations determined conditions for creating the collective defence. For another step heading towards the European integration can be considered the conclusion of the Brussels Treaty in 1948, to ensure not only the economic interests but also the defence and security interests through the collective defence as provided by the Charter of the United Nations.

The Brussels Treaty, in effect, consisted of a system of mutual bilateral agreements. The Western European Union (hereinafter referred to as the WEU) was the first organization of the military - political nature, which aimed to integrate common interests. The founding of the WEU is considered to be the first obvious step in the European integration. At the same time it can be said that it represents a significant step in creating the various communities of nations in the European territory, in order to achieve certain objectives, in particular, those of defence.

The Treaty itself required the formation of supranational bodies - e.g. the Committee of the Western European Union and other supporting and executive bodies. Therefore, the WEU had a principal impact on creating the security authorities and security policies of later integration groupings. It should also be noted that the differences of opinion and interests of "strong" states gradually led to the processes which underlay the founding of the North Atlantic Treaty Organization (hereinafter referred to as the NATO). Regarding that background, it is possible to observe the influence of countries that had ambitions to be the "key players" (e.g. France and the United Kingdom) in the European territory. At the same time, there were laid the foundations and future for the European defence and security in terms of implementation of security interests. (Ivančík, 2013) In principle, there was a division in implementation of economic, security and defence interests, where the European integration proceeded mainly with regard to economic and commercial interests and the interests of the common defence and security were conducted by the NATO. The WEU played an important role. In the field of security it served as a basis for the creation of the NATO security system. In a similar way it "served" in relation to emerging European Communities. The USA support of the WEU formation and subsequent founding of the NATO, the integration of security and other WEU bodies into the NATO, are transparent and identifiable. These facts are obvious as to the process of building security authorities because it was explicitly stated by the NATO officials that the NATO security system would be based on the WEU security system.

The IPC field at this stage consisted of a system of mutual bilateral and multilateral agreements on mutual exchange and protection of classified information. Individual countries still had very different interests, and therefore the information emerging in connection with the implementation of their interests was protected by different and mutually incompatible systems of classification. That fact, however, soon began to change. The need for deeper economic and commercial cooperation exerted pressure on deepening of the European integration. The next step was the establishment of the European Communities. The European Coal and Steel Community (the Montan Union) was established as the first. The aim of the community was a mutual solidarity of states and the delegation of competencies concerning the common interest. Regarding the institutional point of view the formation of the community required the creation of common institutions such as a High Authority – the

European Commission, a Common Assembly – the European Parliament, a Special Council, composed of Ministers - the Council of the European Union, a Court of Justice – the European Court of Justice. The information protection was addressed in Article 47 of the Montan Union Treaty, where the High Authority (the Commission) was entitled to obtain the information necessary to perform its tasks; it was considered as an official secret. It mainly included the reports concerning enterprises, business relationships and prices. Also the Article 16 stipulated that "*the High Authority (the Commission) shall take all appropriate measures of an internal nature to assure the functioning of its services*". The last sentence of that Article stated that "*The High Authority (the Commission) shall adopt rules of procedure to ensure its functioning and that of its services, under the conditions set out in this Treaty*". Those Treaty provisions which also indirectly created conditions for the IPC can be considered as fundamental elements for building the system for the information protection within the current EU.

The next step of the European integration was the establishment of the European Economic Community (hereinafter referred to as the EEC) and the European Atomic Energy Community - Euratom (hereinafter referred to as the EAEC). Economic cooperation had to be expanded from the field of coal and steel to the economy as a whole. In fact, it caused the unification of the member states' interests in the field of economic integration.

The founding of the EEC sparked off a closer cooperation in the economic field, as well as it contributed to the close cooperation of the authorities of the European Communities. The IPC field in the EEC Treaty was not particularly solved. However the Article 207, paragraph 3, stated that "*The Council shall adopt its rules of procedure. It shall incorporate the conditions for public access to Council documents*". The Article 218 of the Treaty deals with the Commission negotiations. Paragraph 1 thereof stipulates that "*The Council and the Commission shall consult each other on methods of cooperation and find the solutions by mutual agreement*" and the paragraph 2 states that "*the Commission shall adopt its rules of procedure so that both the Commission itself and its departments shall function in accordance with the provisions of this Treaty*". Though these conditions were not explicitly laid down for adjusting the IPC field, they helped to get over a certain period.

A substantial influence on the security area and the IPC field had the founding of the EAEC. Implementation of common interests in the field of energy independence, in the field of research concerning nuclear energy and in the development of nuclear industry was the principal idea agreed by future member states. In terms of the IPC field there was a need for the mutual exchange of specific and highly sensitive information which was generally considered as classified within particular countries.

Sharing such information and establishing responsible institutions of the Community are presupposed by the founding EAEC Treaty, which can also be considered as a core of measures for emerging IPC field within the Communities. Based on the EAEC Treaty (Articles No. 24, 25 and 217), the European Council on the proposal of the European Commission adopted a Directive (Euratom) No. 3 implementing the above mentioned Articles of the founding EAEC Treaty that defined the bases of the IPC field by creating a necessary security structure and security authorities headed by the Security Office of the European Commission. That case concerned only the information obtained by the EAEC or exchanged between the member states in compliance with the EAEC Treaty. Such information was called "Euratom classified information" (abbreviated as ECI). Security classification levels provide different levels of protection of common European interests. Thus, the security classification level referred to as Eura-Top Secret says: "*unauthorized disclosure of the information would have extremely serious consequences for the defence interests of one or more member States*" or the security classification level referred to as Eura-Confidential says, "*unauthorized disclosure of the information would harm the defence interests of one or more member states*".

Obviously, the security classification level defined like this has a number of interesting consequences. Firstly, there is a certain contradiction with the EAEC scope that does not primarily include defensive interests. The above may be due to transposition of the WEU security system, with its defence and economic targets. Secondly, the definitions of the security classification levels provide consequences for one or more member states and not for the Community of countries (for the EU as such), what probably reflects the member states' attitude to the common IPC, as it is in principle replaced with IPC systems of respective member states. Thirdly, there is evidently expressed the attitude to the protection of common interests in such sensitive area as the common defence. That situation was caused by tending towards the implementation of common defence interests within the NATO. Nevertheless, this Directive applies unchanged even today! Other classified information of the member states did not have, in terms of the EAEC, any legal framework. If such information was exchanged, it was done on the basis of bilateral agreements between the member states. So the mutual bilateral agreements created a framework that covered the exchange of classified information in the coming period.

The next step in unifying the EU was a merger of multiple structures and institutions of the Communities. The unification was carried out under the Treaty of Brussels of 4 August 1965 (also called the Merger Treaty), which caused the unification and creation of one Council and one Commission. As to the IPC field that step led to creating the conditions for a wider use of the provisions of the Directive Euratom No. 3 and of competencies of the Commission security authorities within the Communities. Signing the Single European Act in February 1986 caused the change of the founding treaties. For example, that Act addressed the area of border lines, of a single market or an increase of the European Community's competences (Kollár & Melková, 2016). It resulted in deepening of the common interests, though the IPC field was not covered that time.

The deepening of common European interests, however, continued. For such step can be considered signing the Treaty on European Union (the Maastricht Treaty). The founding of the EU caused the deepening of the integration mainly in the field of economic cooperation, also in the common foreign and security policy as well as in the field of justice and interior cooperation which constitute the pillars of the EU. The first pillar, composed of the European Communities, was based on the supranational concept what practically means, the powers that originally belonged to a sovereign state were performed by another entity – by institutions of the European Communities. The above demonstrates the utmost unification of the member states' interests. By contrast, the other two pillars of the EU were based on an intergovernmental cooperation of the member states where the decisions were made by consensus. The powers were not executed individually but jointly by the member states.

The security itself and the security issue have been the subject of mutual cross-border cooperation wherein the parts of the current basic comprehension of the IPC within the EU can be found. Though the intention of the Maastricht Treaty was to add competencies to the security field, foreign policy and military areas, many countries found these areas too sensitive to be managed by control mechanisms of the European Communities. There were dissenting voices that if such competences had been given to the European Communities, they could have threatened the power and independence of the member states in the decision-making process. Therefore, the member states reserved the right to these competences. As stated above the IPC as a system was not explicitly addressed in the Maastricht Treaty, hence it can be concluded that there was interest neither in individual adjustment of this field nor in its direct definition. It was probably connected with the extent of integration, which is in terms of the IPC clear only in the first pillar. In other two pillars it is not possible to identify something as a common interest that could be protected by common rules; on the contrary these facts are a matter for respective member states.

The period after the founding of the EU is characterized by efforts for improvement and removal of deficiencies that caused problems in the practical use of the provisions of the Maastricht Treaty. Since the Maastricht Treaty even more contracts governing the functioning of the EU have been concluded (Ivančík, 2012). Based on the conclusions of the intergovernmental conference in 1996 in Italy (Turin) there was signed the Treaty of Amsterdam on 2 October 1997, which revised the founding treaties and removed some of the deficiencies of the institutional system. There was also a transfer of certain powers from the third pillar to the first one (immigration policy). Afterwards, in compliance with the conclusions of the intergovernmental conference organized in France (Nice) on 26 October 2001 there was signed the Treaty of Nice, which dealt almost exclusively with institutional issues, also in relation to expect wider EU enlargement.

Documents as the Treaty establishing a Constitution for Europe and the Treaty of Lisbon were to bring the fundamental changes. According to Article 1 of the Treaty of Lisbon the Union is based on two founding treaties with the same legal force - the Treaty on European Union and the Treaty on the Functioning of the European Union. However, despite the fundamental changes of the institutional functioning and of the "extent of integration" they did not touch the system for the information protection; they did not create other than already mentioned principles and provisions of the previous treaties.

The way how the IPC field is currently defined is without doubt the result of turbulent EU development, on the one hand, but, on the other hand, it is the result of not quite real comprehension of the scope and objectives of this field. The final system has indeed undisputed ambitions to be comprehensive and effective, but with respect to its structure, binding and excessive complexity it does not meet such requirements (Janas, 2015).

The development of the EU IPC system was undoubtedly conditioned by vague and time-limited partial targets of the European integration. Different alternative and quick solutions often adopted under pressure from political decisions have contributed to today's complicated, fragmented and inefficient EU IPC system (Kollár & Melková, 2016).

Improving the legal environment to protect all the EU information in the same manner across the whole EU faces obstacles also nowadays. The absence of the amendment of the EU information protection on the level of the founding treaties can be considered as the most important obstacle. Thus, there is missing a key building element for the establishment of a unified

EU IPC system, whereas the consequences are much broader. The solution is taking shape in the context of several negotiated statements of the member states' representatives on the possible deepening of the EU integration, namely in the field of the common security, in the building of joint armed forces, intelligence and police forces. They represent direct responses to changes in security and economic situation of the EU. We advocate that the further strengthening of the European security is not feasible, from the long-term perspective, without further integration in the field of security. Inconsistent reliance on the NATO in the questions of security is disserviceable and does not contribute to the required pressure on the unequivocal routing of the EU in the field of the common security. Such prevarication gradually creates an enormous pressure on existing security mechanisms including the IPC which are constantly seeking the opportunities for development, but these are on the current integration level already exhausted. Nevertheless, the solution is quite simple; it is related to the willingness of the member states to deepen and unify their interests and implement them within the EU. The EU interests and the manner of their protection also through the IPC system and respective security classification levels (of protection) directly require the necessity of interconnection and integration of the member states' interests. We maintain the position that, with respect to other changes in the security situation, such steps are expectable in the near future.

Bibliography

Act No. 215/2004 Coll. on the Protection of Classified information and on Amendments to Certain Acts.

Agreement between the Member States of the European Union, meeting within the Council, regarding the protection of classified information exchanged in the interests of the European Union, 8.7.2011, no. (2011/C 202/05), C 202/13.

Andrassy, V., & Grega, M., 2015, "Optimization possibilities of information processes in the security system", *Secure Slovakia in The Euro-Atlantic Region*, 5(2), pp. 11-18.

Brvnišťan, M. & Polak, P., 2009, "Development of protection of classified information in the Slovak Republic", *Legal horizon*, 92(3), pp. 262-288.

Brvnišťan, M., 2007, "On some issues of information protection in the Slovak Republic", *Judicial Review*, 11, pp. 1467-1473.

Brvnišťan, M., 2013, *The protection of classified information in the spectrum of historical development*, Bratislava, Printing office of the Ministry of Interior of the Slovak Republic.

Commission Decision of 13 March 2015 on the security rules for protecting EU classified information, no. (2015/444/EC, ECSC, Euratom), OJ L 72/53.

Council Decision of 23 September 2013 on the security rules for protecting EU classified information, no. (2013/488/EU), OJ L 274/1 of 15.10.2013.

Decision of the High Representative of the Union for Foreign Affairs and Security Policy of 15 June 2011 on the security rules of the European External Action Service, no. (2011/ C 304/05), C 304/7.

Fursdon, E., 1980, *The European Defence Community: A History*, The Macmillan Press LTD.

Ivančík, R., 2012, "Bezpečnosť z pohľadu ekonomickej teórie", *Politické vedy* [online], 15(3), pp. 100-124.

Ivančík, R., 2013, "Teoretické a terminologické východiská· pre skúmanie problematiky mierových operácií", *Politické vedy*. [online], 16(1), pp. 30-57.

Janas, K., 2015, *Crisis management in the Slovak Republic (Local self-government)*, Wien/Berlin, Mercur Verlag.

Kollár, D. & Melková, M., 2016, "Positives and Negatives of the European Digital Single Market", *ICEI 2016*, Ostrava, Technical University of Ostrava, pp. 463-471.

Lenč, M. & Kudrec, M., 2016, "Ukraine in crisis - the economic and security consequences for European Union, Ukraine and Russia" *Panorama 2015-2016 of global security environment*, Bratislava, Stratpol, pp. 49-59.

Regulation (EC) No. 1049/2001 of the European Parliament and of the Council of 30 May 2001 regarding public access to European Parliament, Council and Commission documents, OJ L 145/43.

The Treaty establishing a Constitution for Europe - text approved by the Convention, 28.2.2002, www.europa.eu, 2015.

The Treaty establishing the European Atomic Energy Community (Euratom), signed in Rome on 25 March1957, www.europa.eu, 2015.

The Treaty on European Union (TEU), signed in Maastricht on 27 February1992, consolidated in force on 01.12.2009, OJ C115, 9.5.2008, www.europa.eu, 2015.
The Treaty on European Union, consolidated version applicable on 1 December 2009, OJ C115, 9.5.2008.
The Treaty on the Functioning of the European Union, consolidated version in force on 12.01.2009, OJ C326, 26.10.2012, www.europa.eu, 2015.

Rastislav Kazanský *est docteur et associate professor, directeur du département des études de sécurité à la Faculté des Sciences politiques et des Relations internationales de l'Université Matej Bel, Banská Bystrica. Ses recherches portent sur les politiques de sécurité, la théorie des conflits et la géopolitique. Il est l'auteur de plusieurs monographies et manuels.*

Miroslav Brvnišťan *est docteur et assistant professor au département des études de sécurité à la Faculté des Sciences politiques et des Relations internationales de l'Université Matej Bel, Banská Bystrica. Ses recherches portent sur la sécurité de l'information et la cybersécurité. Il est l'auteur d'une monographie scientifique et de plusieurs articles.*

Chapitre 7

La diplomatie climatique en Afrique centrale : de la solidarité à la clandestinité ?

Dieudonné Toukea

Résumé *: L'Afrique centrale fait face à de nombreux défis écologiques au rang desquels se trouvent les changements climatiques. Face à ces menaces, et profitant de certaines « situations de jeu mixte ou dilemmes d'action collective », les chefs d'État de la sous-région, ont établi des relations de coopération entre eux à travers des traités, des institutions communes d'accompagnement aux négociations climatiques. Cette diplomatie solidaire leur a permis d'effectuer de nombreuses réalisations dans les arènes internationales de négociations sur le climat. Cependant, les contraintes liées aux réalités internes de certains États engagés dans cette coopération, les obligent à évoluer comme des « passagers clandestins », profitant des efforts financiers des autres, sans y apporter les leurs. Ce qui laisse penser que ces derniers pratiquent depuis quelques années une diplomatie qu'on pourrait qualifier de diplomatie « clandestine ».*

Mots-clés *: Diplomatie – Changement climatique – Solidarité – Clandestinité – Afrique centrale*

Les États d'Afrique centrale, (Cameroun, Congo, Guinée équatoriale, Gabon, République centrafricaine, République démocratique du Congo et Tchad), devenus acteurs internationaux à part entière après leur accession à l'indépendance, ont tourné leur diplomatie vers la promotion et l'affirmation de la souveraineté nationale. C'est pourquoi certains auteurs (Bassilekin, 2012, p. 3) ont tôt fait de qualifier cette diplomatie de « diplomatie de souveraineté nationale ». Car la politique extérieure menée à cette période par ces États, était notamment guidée par l'affirmation de la souveraineté nationale. Les nombreux discours à la tribune de l'Organisation de l'Unité Africaine le témoignent, lesquels s'articulaient autour des principes structurants de la souveraineté nationale tels que l'intangibilité des frontières héritées de la colonisation, la non-ingérence, la recherche de la paix et surtout la souveraineté sur les ressources naturelles. Même la construction de ses relations bilatérales avec les pays africains et les principales puissances (États-Unis d'Amérique, Canada, France, Angleterre, Allemagne...) n'a pas été en marge de cette logique, cela d'autant plus qu'elles étaient sous-tendues par les objectifs de décolonisation totale du continent, de non-alignement idéologique et de lutte contre l'apartheid.

Cependant, l'ascension de cette diplomatie basée sur la souveraineté nationale a été affectée autour des années 1980 par le contexte sociopolitique mondial marqué d'une part par la crise internationale de la dette obligeant plusieurs pays africains à s'engager dans les programmes d'ajustements structurels, et d'autre part, par l'effondrement du mur de Berlin et l'universalisation du référentiel de démocratie. Cela a conduit ces États à réviser leur option diplomatique, ce qui respectivement s'est manifesté pour certains, par la fermeture des missions économiques et commerciales qui avaient essaimé dans les années 80 et par la transformation de son outil diplomatique en vitrine de la démocratie, de la bonne gouvernance, et du respect des droits de l'homme (Bassilekin, 2012, pp. 4-5).

La révision de cette diplomatie s'est accélérée avec l'émergence de nouveaux défis tels la répartition des richesses mondiales ; le respect planétaire des droits de l'homme et des diverses formes de discriminations ; la sécurité et la paix ; le terrorisme ; l'habitat et les défis urbains ; l'extension de la pauvreté ; la promotion du genre ; le développement social ; la diffusion des technologies de l'information et de la communication ; les migrations ; la lutte contre les changements climatiques. L'urgence de la lutte contre ce dernier défi à savoir les changements climatiques a emmené les États forestiers d'Afrique centrale à conjuguer leurs efforts dans ce combat à travers la mise en place des institutions communes. D'où l'intérêt de savoir pourquoi ces acteurs sacrifient-ils leur égoïsme pour impulser ensemble une politique pour lutter contre les changements climatiques ? Comment ces États sont-ils parvenus à mettre sur pied une diplomatie leur permettant de s'entraider dans la lutte contre la menace climatique ? Quelles sont les limites à cette diplomatie climatique solidaire ?

Ce chapitre a pour but de démontrer que les États d'Afrique centrale, guidés par des motivations ont ensemble mis sur pied une diplomatie commune visant à lutter solidairement contre les changements climatiques. Cette diplomatie, malgré quelques réalisations dans les arènes de négociations sur le climat, est nimbée momentanément par des contraintes financières, conduisant à penser qu'elle migre vers la clandestinité. Pour mener notre réflexion, nous ferons recours à la théorie de la coopération (Battistella, 2003, pp. 367-397), laquelle nous permettra d'observer que la plupart de temps, un État sur la scène internationale se trouve en face des « situations de jeu mixte ou dilemmes d'action collective » (Stein, cité par Battistela, 2003, p. 380), l'obligeant à établir des relations de coopération avec d'autres États. Cependant ces relations font face à des difficultés, dont leur analyse commandera d'emprunter des outils conceptuels développés par Mancur Olson dans *Les logiques de l'action collective* (1978).

Cette posture méthodologique conduira à appréhender les motivations à l'adoption par ces États d'Afrique centrale d'une diplomatie solidaire pour lutter contre les changements climatiques, l'institutionnalisation de cette diplomatie, et les contraintes financières qui la plombent, l'obligeant à s'orienter vers la clandestinité.

Motivations guidant le recours des États d'Afrique centrale à l'adoption d'une diplomatie solidaire de lutte contre les changements climatiques

Les États d'Afrique centrale dans leur dynamique de lutte contre les changements climatiques font face à des situations multiples, lesquels les obligent à opter pour une politique commune, au détriment d'une politique de « cavalier seul » (Battistella, 2003, p. 383). En effet, ces États sur la scène environnementale se comportent en acteurs stratégiques. Leur option en faveur d'une diplomatie commune de lutte contre le changement climatique n'est pas dénuée de tout intérêt ; Il existe de nombreuses situations qui les ont amenées à adopter une telle politique. Ces « situations de jeu mixte ou de dilemme d'action collective » (Stein, 1983, pp. 115-140) renvoient à *« des situations dans lesquelles les acteurs sont incités à ne pas agir de façon unilatérale, des situations où un calcul rationnel égoïste les amène à préférer des actions multilatérales parce que l'action unilatérale est susceptible de déboucher sur des résultats indésirables ou sous-optimaux »* (Battistella, 2003, pp. 379-380). Ces situations peuvent être d'ordre écologique, transfrontalier et économique.

L'urgence écologique

Selon une étude menée par le ministère des Affaires étrangères et européennes de la France en 2011, la lutte contre la déforestation et la dégradation des forêts est un volet crucial dans le combat contre le changement climatique, la déforestation étant à l'origine de près de 20 % des émissions mondiales de gaz à effet de serre. Le taux moyen annuel de déforestation dans les pays du bassin du Congo est de 0,16 % (Ongolo et Karsenty, 2011, p. 73). Les forêts tropicales humides en général et les forêts du bassin du Congo en particulier suscitent de plus en plus d'intérêt en raison du rôle majeur qu'elles peuvent jouer dans l'atténuation du changement climatique et des quantités importantes de gaz à effet de serre rejetées dans l'atmosphère à cause du déboisement et de la dégradation des forêts. Couvrant environ 7 à 10 % de la superficie des terres de la planète, les forêts tropicales humides stockent un volume très important du carbone mondial dans la végétation terrestre (Dkamela *et al.*, 2009, p. 12). Devant l'inquiétude que suscite la déforestation, il a paru urgent pour ces États forestiers d'Afrique centrale, d'associer leurs efforts pour gérer durablement les forêts. Car, « *ce qui est en jeu c'est la biosphère, cette mince enveloppe de la Terre et de l'atmosphère dans laquelle la vie surgit naturellement et qui renferme l'ensemble des êtres vivants* » (Smouts, 2001, pp. 80-81).

La situation transfrontalière des forêts de ces États

La situation transfrontalière des forêts du bassin du Congo a certaine une influence sur la décision des États à se mettre ensemble afin d'harmoniser leurs politiques en matière de lutte contre les changements climatiques (Kegne, 2016, p. 34). En effet, les forêts du bassin du Congo, bien que reparties entre six pays (Cameroun, République centrafricaine, République démocratique du Congo (RDC), Guinée équatoriale, Gabon et République du Congo), contiennent le deuxième plus grand massif des forêts denses et humides du monde. La superficie forestière du bassin du Congo est de 230 millions d'hectares. « *Elles forment le bloc oriental des forêts guinéo-congolaises qui s'étend des côtes atlantiques à l'ouest jusqu'aux montagnes du rift Albertin à l'est et couvre près de 7° de part et d'autre de l'équateur* » (PFBC et CARPE, 2005, p. 3). Une telle considération ne tient pas compte des frontières qui pourraient exister entre les États. Comme celles d'Amazonie, mais à la différence de celles d'Asie du Sud-Est ou d'Afrique de l'Ouest, les forêts du bassin du Congo forment un bloc forestier ininterrompu. En plus, n'est-il pas vrai que les animaux circulent librement dans toute l'étendue du bassin du Congo. En effet, « *un éléphant pourrait, en théorie, se déplacer du Rift Albertin vers la côte gabonaise sans jamais quitter la forêt* » (UNESCO, 2010, p. 3). Cette situation transfrontalière des forêts a conduit ces États, à établir par « *voie de dialogue et de consentement un ensemble de règles communes (Déclaration de Yaoundé de 1999,*

Traité de Brazzaville de 2005) et d'institutions (COMIFAC) pour la conduite de leurs relations » (Watson et Bull, 1984, p. 1).

Les atouts économiques du secteur forestier

Les forêts sont avant tout des ressources naturelles à valeur économique. Elles constituent donc des richesses naturelles au même titre que le pétrole, l'or, les diamants, les phosphates, l'uranium, etc. Et les États qui par hasard de la géologie et de la géographie abritent ces ressources sur leurs territoires les perçoivent d'abord sous cet angle avant toute autre considération (Kamto, 2005 : 55). Les forêts du bassin du Congo ne sont pas en marge de cette logique, puisqu'elles constituent l'une des ressources et richesses naturelles des pays qui les possèdent et dont la priorité le développement de l'économie nationale et la satisfaction des besoins fondamentaux des populations. Le secteur forestier contribuerait entre 5 et 13 % du produit intérieur brut, selon les pays et à 10 % du commerce extérieur. Hors pétrole, le bois représenterait environ 60 % du PIB du Gabon et 50 % des exportations de la Centrafrique (Jeune Afrique Économie, 2005, p. 55). Au Cameroun, les recettes liées à l'exploitation forestière représentent le deuxième poste pourvoyeur de devises au budget de l'État, après les hydrocarbures, et contribuent à 10% du PIB du pays (Assembe, 2006, p. 109).

Or, l'exploitation illégale ambiante entraîne des pertes économiques énormes pour ces pays. Face à cette situation, ces États en quête d'émergence ne sauraient négliger les atouts économiques qu'offre le secteur forestier au point de préférer faire « cavalier seul » que de coopérer avec d'autres États voisins. C'est pourquoi, dans le but de maximiser la valeur ajoutée que ce secteur offre à l'économie, ils choisissent d'adopter une politique commune qui leur permet non seulement de lutter contre les changements climatiques, mais aussi de préserver ces atouts économiques.

Au regard de ce qui précède, l'on comprend que ces États forestiers d'Afrique marginalisent l'usage d'une politique de *self-help* (Battistella, 2003, p. 374) pour lutter contre le changement climatique, parce qu'une « telle politique peut produire des effets pervers, des résultats inférieurs à ceux théoriquement possibles » (Battistella, 2003, p. 377). D'où, toute la nécessité d'institutionnaliser une politique commune.

L'institutionnalisation d'une diplomatie climatique solidaire en Afrique centrale

L'option du Cameroun en faveur d'une diplomatie commune en matière de lutte contre le changement climatique l'a conduit à établir avec les autres États, par « voie de dialogue et de consentement un ensemble de règles communes et d'institutions pour la conduite de leurs relations » (Watson et Bull, 1984, p. 1). À travers ces instruments juridiques et ces institutions, ces États ont renoncé partiellement à leur souveraineté nationale (Mandjem et Bigombe Logo, 2012, p. 155) ouvrant la voie ainsi à ce qui peut être qualifié de « diplomatie solidaire », car chacun de ces États, trouve un intérêt de conduire sa politique internationale en matière de lutte contre les changements climatiques en se joignant à d'autres, qui disposent des ressources, qu'il ne possède pour agir efficacement tout seul.

L'établissement des règles juridiques communes

Réunis à Yaoundé le 17 mars 1999 afin d'examiner les problèmes liés à la conservation et la gestion durable des écosystèmes forestiers, les Chefs d'État de la sous-région d'Afrique centrale (Cameroun, Congo, Guinée équatoriale, Gabon, République centrafricaine, République démocratique du Congo et Tchad), « persuadés du rôle de la coopération sous régionale et internationale dans la gestion des écosystèmes forestiers » (Déclaration de Yaoundé, 1999, p. 3), ont affirmé leur désir « *de conjuguer leurs efforts pour promouvoir l'utilisation rationnelle et l'aménagement des ressources forestières* » (*idem*). Ces dirigeants confirmaient ainsi l'engagement pris à Rio en 1992, celui de conduire les politiques communes pour la gestion durable des écosystèmes forestiers. Cette initiative a donné naissance à une déclaration dite

Déclaration de Yaoundé. Au cours de ce sommet, les États se sont engagés à mener des actions concertées dans le but de protéger les forêts tout en recherchant leur développement grâce à ces mêmes richesses. Il s'agissait entre autres de l'organisation des colloques et fora d'échanges, de la création d'aires protégées, de l'harmonisation des politiques nationales, du renforcement de la participation des populations, de la conciliation des actions en faveur des écosystèmes forestiers avec celles des secteurs comme l'agriculture, les transports, etc.

Cette Déclaration de Yaoundé, bien que sous-tendant la coopération interétatique, et les actions collectives transnationales « *se caractérisaient jusqu'au mois de février 2005 par une absence de normes contraignantes de droit international. C'est ce caractère obligatoire que vient instaurer le Traité de Brazzaville* » (Assembe Mvondo, 2006, p. 109).

Le Traité de Brazzaville du 05 février 2005 relatif à la Conservation et à la Gestion Durable des Ecosystèmes Forestiers d'Afrique centrale et instituant la Commission des Forêts d'Afrique Centrale (COMIFAC), est en effet un début d'opérationnalisation des décisions prises au sommet de Yaoundé. Bien qu'il soit regrettable que six années se soient écoulées avant son déroulement, le sommet de Brazzaville entendait doter les États consentants d'un cadre juridique internationalement reconnu par la mise en place d'un Traité devant régir et consolider la coopération sous-régionale en matière de forêts et d'environnement. Si la Déclaration de Yaoundé signée par les Chefs d'État proclame solennellement leur attachement au principe de conservation de la biodiversité et de la gestion durable des écosystèmes forestiers, ainsi que le droit des peuples à compter sur les ressources forestières pour soutenir leurs efforts de développement économique et social, le Traité de Brazzaville organise la coopération devant soutenir cette même proclamation.

Ainsi donc, outre la reconduction dans le Traité, des engagements énoncés (article 1) dans la Déclaration de Yaoundé, les États ont des obligations (article 2). Celles-ci, visant la mise en œuvre des mêmes engagements, concernent le financement des actions relatives à la gestion durable des écosystèmes forestiers et de l'environnement, le développement du partenariat avec la communauté internationale, dans le but de mobiliser des ressources nécessaires pour le financement des engagements visés. Il est également question d'œuvrer ensemble pour obtenir l'éligibilité des programmes et actions initiés par les États membres du Traité à divers mécanismes de financement novateurs. Le même traité mentionne les États parties, réglemente sa mise en œuvre et les relations avec d'autres organisations et protocoles d'accord et organise les modes de financement et la gestion des finances. Cette dynamique régionale a donné lieu aussi à l'élaboration et à l'adoption d'un « Plan de convergence » pour le Bassin du Congo.

À travers l'établissement de ces régimes (déclaration, traité), ces États forestiers d'Afrique centrale renoncèrent ainsi à des décisions unilatérales en vue de faire face à des dilemmes d'intérêts communs, car pour eux, « *l'utilité obtenue de manière concertée est supérieure à celle à laquelle ils auraient pu prétendre s'ils avaient agi seuls* » (Stein, cité par Battistela, 2003, p. 382). Ils établissent un cadre de règles qui leur permettra de réguler leurs relations dans le domaine de la gestion durable des forêts. Car comme le dit Dario Battistella, « *la plupart du temps, les États, bien qu'égoïstes, coopèrent entre eux dans le cadre des règles qu'ils ont établies pour réguler leurs relations dans les domaines les plus divers* » (Battistella, 2003, p. 370).

L'établissement des institutions communes d'accompagnement aux négociations internationales

À ces règles communes, ces États établissent aussi des institutions communes. D'après Jean-Jacques Roche, pour répondre plus efficacement à des besoins communs, les États sont conduits à s'associer (Roche, 2001, p. 100). Ils s'associent non seulement pour créer des régimes, mais aussi des institutions, car tous « facilitent la coopération en réduisant l'incertitude » (Battistella, 2003, p. 381-382). C'est dans cette optique que les États d'Afrique centrale, pour lutter efficacement contre le changement climatique, s'associent et créent dans le cadre de leur coopération des institutions sous régionales de gestion durable des forêts. C'est le cas de la Commission des forêts d'Afrique centrale (COMIFAC), créée en 2000 et institutionnalisée en 2002. Elle est régie par le Traité de Brazzaville du 05 février 2005 relatif à la conservation et à la gestion durable des écosystèmes forestiers d'Afrique centrale. Elle est une « *organisation chargée de l'orientation, de l'harmonisation et du suivi des politiques forestières et environnementales en Afrique centrale* » (article 5) ayant son siège à Yaoundé au Cameroun. Ainsi, le Traité permet à la COMIFAC d'être reconnue sur la scène internationale pour mieux défendre les intérêts des pays du Bassin du Congo au sein des négociations internationales sur le climat, et de bénéficier facilement des appuis multiformes des partenaires et bailleurs de fonds internationaux.

Le déploiement de cette diplomatie sous-régionale a permis aux États de la COMIFAC d'adopter des positions communes et de les faire avancer durant les négociations internationales sur le climat. Cependant, cette diplomatie climatique sous régionale avance dans un environnement contraignant.

Déploiement contraignant de la diplomatie climatique solidaire : vers une diplomatie clandestine ?

Le déploiement de la diplomatie solidaire menée par les États d'Afrique centrale dans les arènes internationales de négociations sur le climat a permis de nombreuses réalisations au rang desquelles la mise sur pied de la REDD+. En effet, la COMIFAC et ses pays membres se sont considérablement investis dans les négociations internationales et dans la mise en œuvre du concept REDD+. Au départ il ne s'agissait que du RED (Réduction des émissions liées à la déforestation). La notion a évolué au REDD et REDD+ ; REDD désigne le processus qui consiste à réduire les émissions de gaz à effet de serre dues à la déforestation et à la dégradation des forêts ; REDD+ quant à lui est un mécanisme grâce auquel un pays est payé pour réduire ses émissions de gaz à effet de serre dues à la déforestation ou à la dégradation, soit pour conserver ou augmenter ses stocks de carbone. Cette implication de la COMIFAC dans le processus REDD+ peut contribuer au développement socio-économique au regard des retombées financières qu'il génère. Car, le processus REDD+ procède de compensations financières allouées aux pays du Sud afin que ceux-ci laissent intactes leurs forêts et investissent plutôt dans des projets à très faible intensité carbonique qui contribuent à préserver la biodiversité. Ces financements sont donc « un outil remarquable qui peut contribuer à relancer l'économie d'un pays» (Oumba, 2015, p. 227).

Tableau 1 : Contributions annuelles des pays membres de la COMIFAC en 2014

Pays du 1.1.2014 au 31.12.2014	*Contributions annuelles (FCFA)*	*Recouvrement arriérés (FCFA)*
Burundi	0	25.625.997
Cameroun	30.700.000	-
Congo	16.000.000	0
Gabon	0	0
Guinée Équatoriale	30.700.000	-
RCA	0	0
RDC	0	0
Rwanda	0	0
Sao Tomé et Principe	0	0
Tchad	0	0
Total Contributions des pays	*77.400.000*	*25.625.997*

Source : Rapport annuel de la COMIFAC 2014.

Cependant, le développement de cette diplomatie climatique des États forestiers d'Afrique centrale à travers la COMIFAC, fait face à de nombreux obstacles qui conduisent à penser que cette diplomatie migre à certains moments vers la « clandestinité ». En effet, en principe, les États membres de la COMIFAC doivent contribuer au fonctionnement de cette institution sous-régionale qui les accompagne dans les négociations internationales sur le climat. Mais, il se pose un problème de mobilisation des contributions financières. La plupart des pays accusent des arriérés de cotisations égalitaires, ainsi que des retards de versements qui pénalisent le fonctionnement harmonieux de cette organisation. En témoignent les tableaux ci-dessous relatifs aux contributions annuelles des pays membres de la COMIFAC en 2014 et 2015.

Tableau 2 : Contributions annuelles des pays membres de la COMIFAC en 2015

Pays du 1.1.2015 au 31.12.2015	*Contributions annuelles (FCFA)*	*Recouvrement arriérés (FCFA)*
Burundi	0	35.740.972
Cameroun	30.700.000	-
Congo	0	0
Gabon	0	15.350.000
Guinée Équatoriale	0	0
RCA	0	0
RDC	0	0
Rwanda	0	0
Sao Tomé et Principe	0	0
Tchad	0	61.400.000
Total Contributions des pays	*30.700.000*	*112.490.972*

Source : Rapport annuel de la COMIFAC 2015.

Au regard de ces tableaux, l'on constate que de 2014 à 2015, ce n'est que le Cameroun qui a été fidèle dans ses cotisations. L'institution commune n'ayant fonctionné durant ces années que grâce aux cotisations de quelques membres et surtout de l'apport des bailleurs de fonds internationaux. On comprend alors à la suite de Mancur Olson (1978) qu'au sein de l'institution COMIFAC, certains pays membres fonctionnent comme des « passagers clandestins », profitant des avantages de la diplomatie commune qui y est menée, sans en payer les coûts. Sinon, comment comprendre le comportement de certains membres dans cette coopération ?

Certains auteurs s'attelaient à expliquer la réticence de ces États à s'acquitter de leurs devoirs de cotisations par « la grandeur inégalitaire des écosystèmes forestiers de cette région d'Afrique centrale » (Yekoka, 2011, p. 139). Mais cette idée semble injustifiée. En effet, parce que juridiquement et souverainement égaux, tous les États ont l'obligation d'apporter une contribution financière de même valeur. On peut comprendre que la RCA dont l'étendue forestière est minime (4 616 199 ha), comparativement à la RDC (98 912 205 ha) et/ou au Cameroun (16 876 143 ha), ne puisse manifester la même volonté d'agir en symbiose que ces pairs cités, conformément à l'esprit du Plan de Convergence. Mais ceci n'est qu'une hypothèse, car on se serait attendu à ce que la RDC (abritant la plus grande partie des forêts du bassin du Congo) soit la plus active ; or, il n'en est rien dans les faits.

D'après les rapports de la COMIFAC des années 2011, 2013, 2014 et 2015, elle ne s'est pas acquittée de ses devoirs financiers. En fait en 2011, le Cameroun a été le seul pays à avoir cotisé. En 2013 et 2014, les contributions perçues provenaient du Cameroun, du Congo et de la Guinée Équatoriale. En 2015, seul le Cameroun était à jour de ses contributions. On se rend compte qu'il serait plutôt question d'un manque de volonté politique, ces acteurs préférant chercher le « ticket gratuit » (*free-riding*), d'où l'importance de se demander si cette diplomatie solidaire au lieu de se consolider avance plutôt vers la clandestinité ?

En définitive, les États d'Afrique centrale, guidés par des enjeux multiples ont ensemble mis en place une diplomatie commune visant à lutter solidairement contre les changements climatiques. Cette diplomatie, malgré quelques réalisations dans les arènes de négociations sur le climat, est momentanément plombée par des contraintes financières, conduisant à penser qu'elle migre vers la clandestinité. Pour éviter la permanence de cette situation, il paraît important pour ces acteurs de mettre sur pied des mécanismes d'incitation, afin que l'obtention du bénéfice commun, suite à la diplomatie climatique solidaire, soit réellement le fruit d'une mobilisation financière de tous les pays membres de la COMIFAC. Parmi ces mesures d'incitation, on peut par exemple envisager la mise sur pied d'un fonds vert COMIFAC qui sera directement financé par un pourcentage des budgets nationaux des États membres ; On peut aussi diriger la majeure partie des contributions des bailleurs de fonds pour le fonctionnement de la COMIFAC, vers l'implémentation des projets dans les pays membres qui font des efforts de cotisations.

Références

Assembe Mvondo, S., 2006, « Dynamiques de gestion transfrontalière des forêts du bassin du Congo : une analyse du Traité relatif à la conservation et la gestion des écosystèmes forestiers d'Afrique centrale », *Journal du droit de l'environnement et du développement*, n° 2/1, sur <http://www.lead-journal.org/content /06106.pdf>, (15.11.2016).

Bassilekin, A., 2012, « Le Cameroun dans la coopération nord-sud depuis son indépendance : Quelle diplomatie européenne hier, aujourd'hui et demain ? », Communication à la Conférence-Débat à l'occasion de la 40e fête nationale du Cameroun, Université Libre de Bruxelles.

Battistella, D., 2003, *Théories des Relations Internationales*, Paris, Presses de Sciences Po.

Dkamela, G., Minnemeyer, S., Kabamba, F. et Stolle, F., 2009, *Des forêts du Bassin du Congo pour le climat global : Questions et réponses pour appréhender les défis et les opportunités de la REDD*, Washington DC, WRI.

Kam Yogo, E., 2012, *Rapport de l'étude sur l'état des lieux du processus d'élaboration des directives et décisions de la COMIFAC et de leur mise en œuvre par les États membres*, Yaoundé, COMIFAC.

Kamto, M., 1996, « Les forêts, patrimoine commun de l'humanité et droit international », *in* Prieur, M. et Doumbe-Bille, S. (dir.), *Droit, forêt et développement durable*, Bruxelles, Bruylant.

Krasner, S., 1983, « Structural Causes and Regime Consequences. Regimes as intervening variables », *in* Krasner S. (ed.), *International Regimes*, Ithaca, Cornell University Press, pp. 1-23.

Mancur, O., 1978, *Logique de l'action collective*, Paris, PUF.

Mandjem, Y. P. et Bigombe Logo, P., 2011, « La gestion trilatérale des ressources forestières dans le triangle Cameroun-Congo-RCA : le cas de la Tri-National de la Sangha » *in* Ntuda Ebode, J. V. (dir), *La gestion coopérative des ressources transfrontalières en Afrique centrale : Quelques leçons pour l'intégration régionale*, Yaoundé, Friedrich Ebert Stiftung, pp. 147-184.

Oumba, P., 2015, « La pratique des projets environnementaux en Afrique », in BOUKONGOU J. D. (dir.), *Émergence de l'Afrique*, Yaoundé, Presses de l'UCAC.

PFBC & CARPE, 2005, *Les forêts du bassin du Congo : Évaluation préliminaire*, sur <http://carpe.umd.edu/products/PDF_Files/FOCB_APrelimAssess.pdf>, (2.06.2017).

Roche, J.-J., 2001, *Théories des relations internationales*, Paris, Éditions Montchrestien, 4e édition.

Smouts, M. C., 2001, *Forêts tropicales, jungle internationale, les revers de l'écopolitique mondiale*, Paris, Presses de Sciences Po.

Smouts, M. C., Battistella, D. et Vennesson, P., 2006, *Dictionnaire des relations internationales*, 2e édition, Paris, Dalloz.

Stein, A., 1983, "Coordination and Collaboration. Regimes in an Anarchic World", *in* Krasner, S. (ed.), *International Regimes*, Ithaca, Cornell University Press, pp. 115-140.

Tadoum, M. 2009, « Positionnement des pays de la COMIFAC aux négociations internationales sur les changements climatiques : atouts et faiblesses », communication au Forest day, à consulter sur <www.cifor.org>.

UNESCO, 2010, *Le patrimoine mondial dans le bassin du Congo*, Paris, UNESCO.

Watson, A., Bull, H., 1984, *The Expansion of international Society*, Oxford, Oxford University Press.

Yekoka, F., 2011, « La gestion coopérative des forêts du bassin du Congo dans le cadre de la COMIFAC », *in* Ntuda Ebode, J. V. (dir.), *La gestion coopérative des ressources transfrontalières en Afrique centrale : Quelques leçons pour l'intégration régionale*, Yaoundé, Friedrich Ebert Stiftung.

Dieudonné Toukéa *est politologue, chercheur au Groupe de Recherches Administratives, Politiques et Sociales (GRAPS) et au Centre de Recherche et d'Action pour le Développement Durable en Afrique centrale (CERAD). Il a participé, à plusieurs colloques internationaux (Cameroun, Maroc, Mali, Belgique) et est auteur de nombreux articles scientifiques. Ses travaux de recherche portent sur la diplomatie climatique, la paradiplomatie, la gouvernance environnementale, la décentralisation de la gestion forestière, le développement local, l'intégration sous-régionale et les conflits en Afrique centrale.*

Chapitre 8

Pour une diplomatie culturelle : la promotion de la langue française. Le cas de l'Institut français

Elena Zhogovska

Résumé : *La diplomatie culturelle de la France vise à promouvoir le rayonnement de la culture française à l'étranger. L'acteur principal dans la réalisation de ces actions culturelles est l'Institut français. La langue française est le pilier de l'action culturelle de la France permettant la promotion des autres disciplines. Dans cette optique, l'Institut français met en place la démarche communication marketing promotionnelle où il propose différents types de concours. Littérature, photographie, cinéma – les trois arts servent de tremplin pour séduire les francophones actuels et potentiels. Une analyse sémiologique basée sur l'image-support d'un des concours démontre clairement l'objectif de l'Institut français : promouvoir et valoriser la langue française.*

Mots-clés : *Diplomatie culturelle – Langue française – Communication – Marketing – Concours – Analyse sémiologique.*

La diplomatie culturelle de la France a comme objectif de promouvoir le rayonnement de la culture française à l'étranger. De même, elle vise à favoriser et à encourager les échanges intellectuels et artistiques avec de nombreux pays du monde entier. L'acteur principal dans la réalisation de ces actions culturelles est l'Institut français.

En ce sens, l'Institut français « *est chargé, dans le cadre de la politique et des orientations arrêtées par l'État, de porter une ambition renouvelée pour la diplomatie d'influence* » (ministère des Affaires étrangères et européennes, 2011, p. 31). Actuellement représenté par 96 Instituts français dans le monde, cette institution incarne le promoteur central de la langue française et il est « l'opérateur unique pour l'action culturelle extérieure de la France » (Boulanger, 2017, p. 166.).

Notre regard sera tourné vers la communication externe de l'Institut français ou plus précisément vers la communication marketing promotionnelle. Une des techniques les plus fréquemment utilisées dans le cadre de cette discipline est le concours. Et c'est justement sur cette technique, adoptée par l'Institut français dans la promotion de la langue française, que nous mettrons l'accent dans notre étude. Dans cette perspective, nous avons choisi de nous baser sur la communication qui s'appuie sur le site internet de l'Institut français et d'exposer trois différents concours.

Une analyse sémiologique sera également présentée afin de donner plus de profondeur à notre étude. Ainsi, nous relèverons les éléments clés démontrant que le français est une langue attractive, chic et moderne.

La langue française ou l'ambassadrice de la France

Autrefois langue de la diplomatie et de la politique, langue de l'aristocratie et des intellectuels, la langue française est aujourd'hui parlée par des milliers de personnes sur cinq continents : c'est la Francophonie qui est au cœur de cette idée. Nous n'allons pas faire un état des lieux de la légitimité de la langue française dans le monde, ni de sa place parmi les autres langues ; cela pourrait être le sujet pour d'autres recherches et rédactions. Nous nous appuierons plutôt sur l'idée que la langue française est l'un des éléments essentiels de la diplomatie culturelle de la France, car « *la mission de rayonnement de la culture française à l'étranger s'articule autour de quatre axes : la langue française, la diffusion culturelle, la fourniture de documentation et d'informations sur la France et la coopération* » (Rouet, 2014, p. 234). Dans cette optique, nous mettons en exergue les termes employés par la direction générale des relations culturelles du ministère des Affaires étrangères dans les années 1970 afin d'illustrer l'importance de la France sur la scène internationale et le rôle primordial de sa diplomatie culturelle. Ces termes sont cités par Suzanne Balous dans son ouvrage *L'action culturelle de la France dans le monde* : « *L'expansion de sa langue, le rayonnement de sa culture et de ses idées, l'attrait de sa littérature, de sa science, de sa technique et de son art, la valeur de ses méthodes de formation des hommes, constituent pour la France, par l'influence qu'elle exerce grâce à eux, des moyens d'action essentiels de sa propre politique étrangère. L'action culturelle est étroitement liée à l'action politique et économique qu'elle procède, qu'elle appuie et qu'elle complète. Elle contribue directement à la puissance de notre pays sur le plan international* » (1970, p. 13).

Comme nous pouvons le constater, dans les deux citations, la langue française se trouve en tête dans la liste des nombreux éléments, d'une part représentant la mission culturelle de la France, et d'autre part témoignant de sa grandeur. Et ce n'est pas un hasard. Cela démontre que l'action culturelle de la France « vise au premier chef à favoriser l'expansion de la langue française » (*idem*) et que « la politique de la langue française constitue un des fondements » (Lane, 2016, p. 93) de cette démarche. De même, « *la politique qui entend sauvegarder et promouvoir l'usage de la langue française constitue la base de l'action culturelle de la France* » (Raymond, 2000, p. 60). Avec l'expansion du français, la France affirme son importance dans le monde, car « *diffuser sa langue, c'est se projeter à l'étranger donc se faire connaître et comprendre* » (Hourcade, 1993, p. 124). La langue représente ainsi l'un des appuis fondamentaux de la France dans sa politique extérieure lui permettant de rayonner dans le monde.

La promotion de la langue française permet la promotion de la littérature, du cinéma, de la science… Le français est le pilier de l'action culturelle de la France autour duquel d'autres disciplines se répandent. En ce sens, c'est grâce à « *la promotion de la langue que les échanges culturels et scientifiques sont possibles et développés* » (Raymond, 2000, p. 61).

Elena Zhogovska

L'Institut français : son statut, ses missions et son réseau

Auparavant nommé Centre culturel français, l'Institut français est fondé suite à l'amplification des compétences. Plus précisément, c'est avec la loi n° 2012-873 du 27 juillet 2010 concernant l'action culturelle extérieure de la France, que l'Institut français est créé et a ainsi remplacé l'association CulturesFrance. Deux autres établissements publics voient également le jour avec cette même loi : Campus France qui promeut les études supérieures et la recherche, et France Expertise Internationale qui est chargée de l'assistance technique et expertise internationale. Les trois établissements publics sont « à caractère industriel et commercial (EPIC) » (Boulanger, 2017, p. 103). Avec un tel statut, l'Institut français obtient des financements supplémentaires à ceux de l'État français.

La dénomination de l'Institut français a subi une modification avant que la loi soit votée. Initialement censé s'appeler « Institut Victor Hugo », l'Institut français s'inscrivait dans la ligne des tendances des autres Instituts étrangers, tels que l'Institut Cervantès et Goethe. Perçu comme « *un nouveau dispositif d'action, un nouvel outil d'influence, de reconquête d'image, de rayonnement et d'échanges : Institut Victor Hugo* » (Poivre d'Arvor, 2010), est, à ce moment, en état d'un projet de renforcement de la diplomatie culturelle de la France. Le but d'une telle appellation était de « donner une meilleure visibilité à l'action culturelle française à l'étranger » (Tissot, 2010). Cependant, cette dénomination n'a pas vu le jour et « *la France a ainsi adopté une méthode semblable à celle des Anglais, dans la logique de dénomination (British Council), et ne propose aucun nom-symbole* » (Rouet, 2014, p. 233).

Placé sous la tutelle du Ministère de l'Europe et des Affaires étrangères et du Ministère de la Culture, l'Institut français Paris occupe, depuis le 1er janvier 2011, la place centrale parmi les 96 Instituts français actuellement dans le monde. Un Directeur est à la tête de chaque Institut français. L'ensemble des Instituts se caractérise par » un statut d'établissement d'autonomie financière (EAF) » (Boulanger, 2017, p. 114) et ils ne sont pas dans l'obligation d'appliquer les propositions venant de l'Institut français à Paris. Ils ne sont donc pas sous la tutelle de l'opérateur central, mais ils devraient être contrôlés par les Ambassadeurs dans les pays d'accueil (Rouet, 2014, pp. 233-234).

Chargé de contribuer à la diplomatie culturelle de la France tout en respectant l'article 2 du décret n° 2010 - 1695 du 30 décembre 2010, l'Institut français vise à accomplir les missions suivantes :

« *1) La promotion et l'accompagnement à l'étranger de la culture française. Il intervient en particulier pour faire connaître la création française et assurer sa promotion dans les domaines mentionnés au présent article, ainsi que dans ceux des arts de la scène, des arts visuels, du design et de la mode, de l'architecture, de l'ingénierie de la culture, ainsi que dans le secteur des industries culturelles en lien avec les organismes compétentes ;*

2) le développement des échanges avec les cultures européennes, francophones et étrangères ;

3) le soutien à la création, au développement et à la diffusion des expressions artistiques du Sud, en particulier d'Afrique et des Caraïbes, ainsi que leur promotion et leur diffusion en France et à l'étranger ;

4) dans les domaines cinématographique et audiovisuel, et pour l'application des dispositions du 1), la promotion des œuvres de patrimoine et la diffusion non commerciale des œuvres de création récente, en concertation étroite avec les autres organismes compétents pour la promotion ou la diffusion de ces œuvres ;

5) la promotion et l'accompagnement à l'étranger des idées, des savoirs et de la culture scientifique français ;

6) le soutien à la diffusion et à la promotion, non-commerciales, des écrits, des œuvres et des auteurs, en particulier francophones, en concertation avec les organismes compétents dans ces domaines ;

7) la promotion, la diffusion et l'enseignement à l'étranger de la langue française, en partenariat notamment avec le Centre international d'études pédagogiques. À ce titre, l'Institut français encadre l'activité de cours de langue française du réseau culturel français à l'étranger et développe des programmes visant à promouvoir le français dans les pays étrangers, en particulier dans leur système d'enseignement respectif ;

8) l'information du réseau culturel français à l'étranger, des institutions et des professionnels étrangers sur l'offre culturelle française ;

9) le conseil et la formation professionnels des personnels français et étrangers concourant à ces missions, et notamment des personnels du réseau culturel français à l'étranger, en liaison avec les ministères et organismes compétents. À ce titre, il est associé à la politique de recrutement, affectation et de gestion des carrières de ces personnels. » (Lane, 2016, pp. 30, 31).

Certaines de ces missions sont reprises de CulturesFrance, tandis que d'autres s'y ajoutent, « *transférées par le Ministère des Affaires étrangères et européennes comme la promotion de la langue française, des savoirs et des idées, mais aussi la formation des agents du réseau culturel français* » (ministère des Affaires étrangères et européennes, 2011, p. 31).

Notre regard se tournera vers une partie du 7e point de cet article. Comme il est précisé, la mission linguistique est l'une des nombreuses tâches attribuées à l'Institut français. Nous n'allons pas nous intéresser à la promotion des cours de langue française à l'étranger, mais plutôt aux campagnes menées par l'opérateur central pour rendre la langue de Molière plus séduisante.

Des pistes pour une communication marketing

La promotion et la vente des produits, des marques et des services représentent l'objet de la communication marketing connue aussi comme la communication commerciale. Contrairement à ce type de communication, la communication *corporate* ou institutionnelle a pour objectif de promouvoir et valoriser l'image de l'organisation face à ses clients et/ou ses partenaires, sans se soucier pour autant de sa ou ses marques, ni de ses produits, ni encore de son ou ses services.

Une des quatre dimensions du marketing-mix (produit, prix, distribution et communication), la communication marketing « *correspond aux moyens employés par une entreprise pour informer et persuader les clients actuels et potentiels, directement et indirectement, et leur rappeler les marques, les produits et les services qu'elle commercialise.* » (Kotler *et alii*, 2015, p. 627). La communication marketing a donc pour fonction de transmettre le message de l'organisation aux clients afin de promouvoir, valoriser et vendre ses produits et/ou ses services. En ce sens, elle se préoccupe, d'une part de communiquer un message, et d'autre part d'engendrer un changement chez les clients. Différents outils peuvent être utilisés pour que cette variable soit exploitée : la publicité, la promotion des ventes, le marketing direct, la relation publique, le parrainage d'événements, etc.

Comme nous l'avons évoqué dans l'introduction, nous nous focaliserons sur la technique de la promotion des ventes. Cette démarche du marketing promotionnel s'intéresse « *à modifier pendant une durée limitée, l'offre du produit, l'offre de prix ou l'offre commerciale pour inciter l'acheteur potentiel à passer à l'acte d'achat ou pour amener le distributeur à privilégier le produit par rapport à ses concurrents* » (Décaudin, 2003, p. 107). De même, elle représente l'ensemble de techniques « *qui permettent de garder l'entreprise ou le produit présent dans l'esprit du consommateur au-delà de l'expérience de consommation* » (Colbert *et alii*, 2014, p. 197). À la différence de la publicité qui illustre les raisons et les bénéfices de l'achat, la promotion encourage le client potentiel à acheter (Kotler *et alii*, 2015, p. 671). Nombreuses sont les techniques promotionnelles utilisées pour atteindre les buts : réduction des prix, cadeaux, remises, échantillons, jeux, concours, etc.

Comme nous l'avons vu précédemment, l'une des missions de l'Institut français était de promouvoir la langue française. Donc, dans notre cas, la langue française incarne le produit à vendre. Pour réaliser cette tâche, l'Institut français organise différents types de concours.

La méthodologie d'analyse

Comme nous l'avons déjà précisé, notre travail se base sur une analyse de différents types de concours lancés par l'Institut français via leur site Internet. Cette analyse a été effectuée durant les mois de septembre et d'octobre 2017.

Très interactif, l'internet en tant que média de communication donne la place à l'ensemble des éléments nécessaires pour établir une communication réussie. Il permet également une transmission plutôt claire et efficace du message dans les quatre coins du monde, même si parfois certains problèmes de réseau font intervenir « le bruit » qui gêne la réception à un moment précis, souhaité par le récepteur. De même, ses avantages d'ordre visuel favorisent la communication réussie. Dans cette perspective, le lancement des concours se fait via le site internet de l'Institut français où cette opération promotionnelle relative à la langue française est très présente.

Les raisons pour lesquelles nous avons choisi d'analyser ces concours découlent de leur diversité. En effet, les apprenants actuels ou potentiels du français se trouvent face à des concours inspirés de plusieurs arts : littérature, photographie, cinéma. La créativité des destinataires aux compétences et aux affinités variées sert de fil conducteur et stimule leur intérêt pour la langue française. Rendre le français « plus attractif et plus moderne » (www.institutfrancais.com/fr) par le biais des différents arts, est au cœur de cette démarche promotionnelle.

Nous procéderons à l'aide de deux analyses :

Dans un premier temps, nous analyserons trois différents concours présentés sur le site de l'Institut français. Pour le faire, nous nous intéresserons à leur contenu, c'est-à-dire au sujet traité dans chaque concours, aux acteurs impliqués, aux actions menées pour les enrichir et aux résultats obtenus.

Dans un second temps, afin que notre étude prenne plus de profondeur, nous analyserons une image en nous référant à l'approche sémiologique élaborée par Roland Barthes (Barthes, 1964, pp. 40-51). Dans cette optique, nous avons choisi l'image-support d'un des concours proposés où nous mettrons en relief les aspects linguistique, iconique et plastique. Deux notions sont indispensables pour la réalisation d'une telle analyse : le signifiant et le signifié. Le signifiant représente ce que l'on voit réellement dans une image, par exemple, un chanteur ou un dauphin. En revanche, le signifié renvoie au sens que l'on peut associer au signifiant, par exemple, un concert avec un public, ou encore, un océan. Les deux éléments, le signifiant et le signifié, composent l'ensemble appelé signe. Nombreuses sont les questions que cette méthode sémiologique implique afin de découvrir le sens profond de chaque objet et de chaque mot présenté dans une seule image.

Analyse de trois concours organisés et publiés sur le site Internet de l'Institut français – opérateur central

Plusieurs définitions sont proposées par Le Petit Robert pour définir le terme « concours ». Nous avons choisi celle qui correspondait le mieux à notre sujet et qui est la suivante : « Jeu public organisé par la publicité, les médias, où les meilleurs gagnent des prix ».

Sur le site Internet de l'Institut français, nous avons aperçu plusieurs concours. Nous avons choisi d'en exposer trois - ceux qui, tout d'abord, avaient une ouverture importante à l'international, et aussi, touchaient des domaines différents. Tous les trois étaient lancés en 2017. Nous les présenterons et analyserons dans l'ordre dans lequel ils apparaissent sur le site de l'Institut français :

« Prix des jeunes cinéphiles francophones »,

« Concours Photo international », et

« Concours d'écriture ».

Comme nous l'avons déjà mentionné précédemment, trois arts sont représentés : le cinéma, la photographie et la littérature. En nous appuyant sur la définition relative au « concours », nous pouvons souligner que dans l'ensemble de ces événements, ce sont les meilleurs, c'est-à-dire, ceux qui ont démontré de meilleures connaissances et compétences, d'une part en français, et d'autre part dans l'art concerné, qui ont réussi à gagner le concours auquel ils ont participé.

En premier lieu, notre regard est tourné vers le concours « Prix des jeunes cinéphiles francophones » consacré au cinéma.

Organisé par l'Institut français du 15 mars au 15 mai 2017, ce concours invite les jeunes francophones cinéphiles entre 15 et 25 ans à regarder dix films proposés sur la plateforme IFcinéma. Les intéressés, après le visionnage des films, votent pour leur film favori et ils enregistrent une vidéo en faisant une critique du film. L'enregistrement doit être fait avec un téléphone portable, un ordinateur ou bien une tablette, où ces jeunes cinéphiles doivent justifier leur choix. Le but donc de ce concours consiste dans la valorisation du français à partir d'une exploitation originale de l'art cinématographique. Le gagnant de ce concours prendra sa place à l'un des festivals de cinéma organisés en France. Quant au film qui aura le plus de votes, il sera annoncé lors du Festival de Cannes du 17 au 28 mai 2017, sur le site du Pavillon des Cinémas du monde.

Les résultats de ce concours ont une visibilité assez faible sur le site. En effet, aucune information concernant le nombre des participants n'y figure. Le film gagnant n'y apparaît pas non plus. A-t-il été retiré de la page, maintenant peut-être mise à jour ? En revanche, la personne gagnante est clairement indiquée : une jeune francophone venant de Belgrade, Serbie. La vidéo de presque 2 minutes dans laquelle Isidora Lazič explique et défend son choix, est postée aussi. Grâce à ses connaissances de la langue française, mais également grâce à sa sensibilité pour le cinéma, la jeune Serbe a remporté le premier prix : « un séjour en France au festival Premiers Plans d'Angers pour deux personnes » qui aura lieu du 12 au 21 janvier 2018.

Ce concours est reconduit pour l'année scolaire 2017-2018. Plusieurs changements ont visiblement été apportés. Tout d'abord, la période de participation a plus que doublé, car fixée du 1er novembre 2017 au 15 mars 2018, elle est passée de 2 mois à 4 mois et demi. Ensuite, le nombre de films a subi une diminution importante : les participants sont invités à visionner huit films au lieu de dix. Nous nous sommes donc aperçus qu'un assouplissement considérable des critères de durée de participation et de nombre de films est intervenu. Puis, les modifications mises en place ont également touché le premier prix, ou plus précisément, le futur lauréat francophone cinéphile gagnera un voyage en France. Enfin, pour cette nouvelle opération, l'Institut français sollicite aussi les enseignants en les encourageant à aider leurs élèves pour participer à ce concours. En effet, à partir du 1er novembre 2017, ils auront la possibilité de consulter des supports pédagogiques ou encore une mini-série concernant l'art oratoire. De même, l'Institut français les aidera à organiser des animations et des ateliers relatifs à ce concours.

En deuxième lieu, nous nous focaliserons sur le « Concours photo international ». Le règlement détaillant les conditions de participation est diffusé sur le site de l'Institut français (https://www.etenplusjeparlefrancais.fr/reglement/). Dans notre travail, nous exposerons les éléments les plus pertinents.

Lancée dans le cadre de la Semaine de la langue française et de la Francophonie qui a lieu tous les ans au mois de mars, cette opération permet aux destinataires de minimum 13 ans d'y participer. Elle se déroule dans la période entre 1er mars et 30 avril 2017.

Les destinataires sont invités à se photographier, en y ajoutant l'inscription « Et en plus, je parle français ! ». Ils doivent également écrire une courte phrase qui commence par « Avec le français, je… ». Le lauréat aura l'occasion de profiter de la ville-lumière lors de son séjour de trois jours et sa photo symbolisera l'un des visages de la campagne de communication « Et en plus, je parle français ! » qui sera réalisée et diffusée durant l'été 2017 à Paris Aéroport. De même, les photos les plus marquantes incarneront les visages de cette campagne. Des personnalités francophones composeront le jury qui choisira les meilleures photos.

Le feed-back de cette démarche est positif, car plus de 200 photos ont été envoyées. Toutes ces photos, avec des participants des quatre coins de la planète, aux métiers et aux loisirs divers, sont affichées. On y voit des cuisiniers-pâtissiers, des sportifs, des musiciens, des danseurs, des peintres, des écrivains, des acteurs, des enseignants, mais aussi des personnes photographiées dans la nature, dans la rue, à la mer, etc. Toutes ces personnes cultivent bien leur métier et leur loisir, « et en plus (ils parlent) français ! ». Les cinq meilleures photos sont affichées : le gagnant est un jeune argentin - boulanger-pâtissier, les deux mentions spéciales sont attribuées à, une personne photographiée dans la nature et venant des Comores, et à un jeune épicier de l'Ouzbékistan, et enfin, les deux coups de cœur étaient pour une jeune fille du Costa Rica pratiquant l'équitation et une russe - ballerine et championne dans sa discipline.

Enfin, en troisième lieu, nous présenterons un concours très original et unique.

Organisé avec le partenariat de la mission Proxima et de l'Institut français, ce concours d'écriture est annoncé depuis l'espace par l'astronaute français mondialement connu, Thomas Pasquet. Il s'adresse directement aux destinataires dans une vidéo postée sur le site de l'Institut français (http://www.culturetheque.com/EXPLOITATION/GLOBAL/concours-ecriture-mission-proxima.aspx). Comme pour le deuxième concours exposé, pour celui-ci aussi, un règlement a été élaboré, mais sa page internet a déjà expiré.

Lancé le 2 janvier 2017, « Faites voyager vos histoires dans l'Espace » est le premier concours de ce type jamais réalisé. Son thème est inspiré du Petit Prince d'Antoine de Saint-Exupéry. À la différence des deux autres opérations exposées précédemment, ce concours distingue deux catégories : l'une pour l'International et l'autre pour la France. Les destinataires sont les jeunes francophones de 7 à 25 ans des quatre coins de la Terre. Ils sont invités à rédiger un essai où ils imaginent « la visite du Petit Prince dans une huitième planète ». Les textes contenant 2500 caractères maximum, doivent être envoyés jusqu'au 28 février 2017 au plus tard. Dans un premier temps, le jury va sélectionner 10 histoires ou 5 pour chaque catégorie. Les auteurs de ces 10 meilleurs essais gagneront un tour d'Europe en octobre 2017. Ensuite, Thomas Pasquet en choisira deux, ou un texte pour chaque catégorie et les lira le 6 avril 2017 depuis la station spatiale internationale.

Le feed-back de ce concours est très clairement illustré. 8 400 participants du monde entier ont envoyé leurs histoires. C'est un résultat très positif. Pour la catégorie « International », les lauréats ont entre 13 et 23 ans et viennent de 5 pays différents, tandis que dans la catégorie « France », ce sont des jeunes de 10 à 24 ans représentants de quatre régions. Leurs histoires sont proposées aux personnes intéressées à la lecture. Les noms, l'âge et le pays d'origine de 50 participants sont également cités. Pour aider les jeunes francophones dans la réalisation de cette mission, l'Institut français a proposé de nombreuses lectures dans le genre fantastique. Enfin, plusieurs tweets de Thomas Pasquet sont présentés démontrant l'interaction entre l'astronaute et la Terre.

Analyse de l'image-support du « Concours photo international »

Comme nous l'avons évoqué dans la partie consacrée à la méthodologie, nous continuerons notre travail par l'analyse d'une image. Pour cela, nous avons sélectionné la photo qui sert de support au « Concours photo international », car à travers cette photo, l'Institut français souhaite transmettre, aux actuels et aux potentiels apprenants, un message pour promouvoir et valoriser la langue française (voir image ci-dessous).

Photo-support du « Concours photo international »

Ce message représente « *un ensemble de codes picturaux, visuels, graphiques, écrits, symboliques et chromatiques qui doivent être perçus et compris adéquatement* » (Colbert *et al.*, 2014, p. 198). En ce sens, selon Barthes « toute image est polysémique » où trois types de messages se distinguent : linguistique, iconique et plastique (Barthes, 1964, pp. 40-51). En tant que sémiologue, ce qui est essentiel pour Barthes, c'est le sens de l'image. Autrement dit, il est important de chercher ce que l'artiste a voulu dire, a voulu exprimer en produisant cette image.

Afin de découvrir le sens projeté dans notre exemple, il faudrait, dans un premier temps, faire une description globale de l'image. Que voyons-nous donc, sur cette image ? En l'observant, nous voyons une jeune fille très chic, avec une coupe moderne avec une frange, ses mains croisées sur son cou. Ses mains et une partie de son visage sont tatouées. Nous y repérons très facilement l'inscription : « Et en plus, je parle français ! »

Dans un second temps, nous allons essayer d'en tirer différents messages. Tout d'abord, c'est le message linguistique qui s'impose : « Et en plus, je parle français ! » C'est le signifiant linguistique. Le code utilisé est la langue française, car le message est écrit en français. Donc, pour l'écrire, l'émetteur doit avoir des connaissances de cette langue. Afin que le récepteur comprenne ce message, il est obligé de se servir du même code ou d'avoir, au moins, des notions de base. Donc, le signifié de ce message est que la langue française représente un atout pour la personne qui la parle. Les francophones peuvent exercer des métiers différents, pratiquer des loisirs différents, connaître des langues différentes, mais le fait de parler français les différencie des autres, les rend plus originaux, plus riches en connaissances… En plus de leurs compétences dans leur métier et/ou dans leurs loisirs, les francophones s'expriment en français et c'est comme « la cerise sur le gâteau », cette langue les valorise d'autant plus !

Ensuite, nous avons un deuxième signifiant qui est la jeune fille brune, chic et charmante, tatouée et avec une coupe moderne. Son regard est apaisant et séduisant. Le signifié peut être une jeune fille qui aime le punk ou le rock, musicienne peut-être ou bien artiste. Il est question du message iconique qui incarne les éléments socioculturels. Pour faire le lien avec le message linguistique, on peut ajouter qu'» en plus (elle) parle français ! », cette langue « attractive et moderne » (http://www.institutfrancais.com/fr/francais-attractif-et-moderne), tout comme la jeune fille l'est. C'est donc, un avantage de plus qu'elle possède.

Enfin, nous évoquerons le troisième signifiant, consistant dans le choix des couleurs : les boules bleu et rouge, et les lettres blanches. Le signifié est le drapeau français. L'aspect chromatique symbolise le troisième type de message – le message plastique. Celui-ci correspond au message linguistique, car les deux renvoient à la France ou francité.

Nous pouvons constater que les trois signes - linguistique, iconique et plastique - coïncident et entretiennent un lien indissociable. Cohérents et inséparables, ils se mêlent les uns aux autres et composent l'image en tant qu'ensemble compact et intègre. Cette composition émet une signification globale avec un sens profond et projeté. L'image analysée représente donc une symbiose entre la valorisation, la modernité et la francité de la langue française.

Tout au long de ce chapitre, nous avons démontré l'importance que l'Institut français accorde à la langue française. La promotion du français est l'une de ses missions fondamentales. Elle est aussi le vecteur de la diplomatie culturelle de la France, car elle trace le chemin de sa politique extérieure et lui permet de rayonner dans le monde. De même, la promotion de la langue française ouvre d'autres horizons vers différents arts et sciences. Nombreuses sont donc les disciplines qui, grâce au français, prennent de l'ampleur et se diffusent à l'International.

Pour réaliser sa mission de valorisation et de promotion de la langue française, l'Institut français met en place de nombreuses démarches de communication dont le marketing promotionnel. Dans cette perspective, il organise différents concours où l'art a une place centrale. Littérature, photographie, cinéma – les trois arts servent de tremplin pour séduire les francophones actuels et potentiels. Dans les trois concours analysés, nous avons pu constater que les participants avaient démontré leurs compétences en langue française, mais également dans ces différents arts. Même si nous n'avons pas d'information concernant le nombre des participants au concours-cinéma, nous soulignerons le succès considérable et l'intérêt remarquable des participants et donc, le feed-back positif, dans les deux autres concours.

L'image analysée illustre clairement le message envoyé par l'émetteur (l'Institut français) : valoriser et promouvoir la langue française. Ainsi, l'image-support du concours-photographie met l'accent sur la francité et l'importance pour toute personne de parler la langue de Molière. Des compétences variées, liées aux métiers et/ou aux loisirs pratiqués, sont d'autant plus valorisantes avec la connaissance du français. Parler français, c'est donc important ! Parler français, c'est valorisant ! Parler français, c'est chic et moderne !

Bibliographie

Balous, S., 1970, *L'action culturelle de la France dans le monde*, Paris, PUF.

Barthes, R., 1964, « Rhétorique de l'image », *Communications*, 1, pp. 40-51.

Barthes, R., 2015, *L'empire des signes*, Paris, Éditions du Seuil.

Bartoli, A., 1990, *Communication et organisation. Pour une politique générale cohérente*, Paris, Les Éditions d'Organisation.

Boulanger, P., 2017, *L'alliance française : francophonie et diplomatie culturelle au XXI*e *siècle*, Paris, Éditions du Cygne.

Chaubet, F., 2006, *La politique culturelle française et la diplomatie de la langue. L'alliance française (1883-1940)*, Paris, L'Harmattan.

Colbert, F., Brunet, J., Ravanas, P., Restuccia, M., St. James, Y. & Rich, J. D., 2017, *Le Marketing des arts et de la culture*, Paris, Les Éditions de la Chenelière.

De Raymond, J.-F., 2000, *L'action culturelle extérieure de la France*, Paris, La documentation française.

De Saint-Robert, M.-J., 2000, *La politique de la langue française*, Paris, PUF, Que sais-je ?

Décaudin, J.-M., 2003, *La Communication Marketing. Concepts, techniques, stratégies*, Paris, Economica.

Gervereau, L., 2004, *Voir, comprendre, analyser les images*, Paris, La Découverte.

Hourcade, J., 1993 ; *Le français, les Français, et... les autres, Être et dire dans un monde sans frontières*, SIDES.

Kotler, P., Keller, K., Manceau D., 2015, *Marketing Management*, Pearson France.

Kruger, A., Carpentier, L., Ferrandi, J.-M., Ingarao, A., Menaud, X., 2015, *Marketing, Manuel Marketing. L'essentiel du cours. Exercices corrigés*, Paris, Dunod.

Lane, P., 2016, *Présence française dans le monde. L'action culturelle et scientifique*, Paris, La Documentation française.

Ministère des Affaires étrangères et européennes, 2011, *La diplomatie culturelle, Un siècle d'inventions françaises*, Paris, Institut français.

Ministère des Affaires étrangères, 1996, *Une politique pour le français*, Paris, La Documentation Française.

Poivre D'Arvor, O., 2010, « L'Institut Victor Hugo à la conquête du monde », *Le Monde*, 20 février.

Raytcheva S., Rouet G., 2016, « Le partage culturel au service du développement à l'international de la « culture française ». Le cas des Instituts français et Alliances françaises en France Bulgarie et États-Unis », *Communication.*

Rouet, G., 2014, « La diplomatie culturelle française : en quête d'un nouveau rapport au monde », Soulages, F., (dir.), *Mondialisation & Frontières. Arts, cultures & politiques*, Paris, L'Harmattan, 2014, pp. 219-243.

Soulages, F. (dir.), 2014, *Mondialisation & frontières : Arts, cultures & politiques*, Paris, L'Harmattan.

Tissot C., 2010, « Un Institut Victor Hugo représentera la France à l'étranger », *L'Express*, 5 février.

Elena Zhogovska *est Docteure en Didactique des langues et des cultures à l'Université Sorbonne Nouvelle – Paris 3, et doctorante en Sciences de gestion à l'Université de Versailles Saint-Quentin-en-Yvelines. Après plusieurs années d'enseignement du français langue étrangère, elle est, aujourd'hui, enseignante à l'Institut Supérieur de Management à l'Université de Versailles Saint-Quentin-en-Yvelines.*

Chapitre 9

Le rôle des médias dans la diplomatie publique, enjeux et perspectives

Mária Rošteková & Guy de Balbine[50]

Résumé : *Nous avons pu assister, lors des deux dernières décennies, à une transformation considérable de la communication politique internationale qui s'est développée en dehors du cadre étatique, ou des organisations internationales, pour aboutir à une plus large prise en compte des acteurs non étatiques. La diplomatie publique symbolise le mieux ces changements, car elle regroupe, outre ses composantes de politique étrangère, des éléments de propagande, de marketing politique et de diplomatie culturelle, tout en restant liée à des impératifs stratégiques et aux thèmes de la diplomatie économique auxquels s'ajoutent depuis peu ceux des nouveaux médias (mondialisés). L'actualité est accessible au plus grand nombre, en tout temps et sur tout support, ainsi les États, qui agissent pour le façonnement de l'opinion publique internationale, doivent faire face à de nouveaux enjeux.*

Mots-clés *: Diplomatie publique – Communication politique – Médias – Propagande – Opinion publique*

Évolutions de la diplomatie publique

La notion de diplomatie publique, et des activités qu'elle englobe, est apparue en même temps que le concept de

---

[50] Cet article a été publié dans le cadre du projet de recherche VEGA n° 1/0949/17 « *Le concept de ''soft power'' dans le contexte de l'environnement international en mutation et son potentiel pour les stratégies des petits États* ».

diplomatie. Elle représente aujourd'hui un élément incontournable de la politique étrangère de nombreux États et son importance s'est particulièrement accrue ces derniers temps. La diplomatie publique est considérée par les spécialistes comme l'un des thèmes actuels les plus discutés en théorie de la démocratie et l'une des « branches » les plus porteuses de l'exercice de la diplomatie au 21e siècle (Pajtinka, 2008).

Si les ouvrages spécialisés proposent un grand nombre de définitions, la plus souvent citée est celle du diplomate et essayiste américain Hans N. Tuch d'après lequel il est possible d'appréhender la diplomatie publique en tant que « *processus de communication d'un gouvernement avec un public étranger visant à une bonne compréhension, non seulement des idées et idéaux nationaux, mais aussi des institutions, de la culture, des intérêts nationaux ou encore de la politique actuelle* » (Tuch, 1990, p. 3). Cette définition indique sans ambiguïté l'objectif de la diplomatie publique : impacter les élites politiques étrangères en influençant l'opinion publique. Il s'agit donc ici d'un cercle restreint d'activités préméditées, motivées par un effort de l'État dans le but de faire prévaloir ses intérêts dans le cadre de relations internationales.

Certains auteurs tendent à une division thématique de la diplomatie publique. Mark Leonard effectue, par exemple, une distinction entre trois domaines : politique/militaire, économie et société/culture. Il distingue aussi des critères temporels liés au management des messages relatifs aux thèmes d'actualité, ainsi que la communication stratégique et le développement de relations stables sur le long terme vis-à-vis des acteurs en question (Leonard *et al.*, 2002). Pour Jan Melissen, la caractéristique du dialogue constitue un élément-clé si l'on souhaite définir la diplomatie publique : « *...la nouvelle diplomatie publique ne se contente plus [...] de fournir des informations aux étrangers tout en tenant la presse étrangère à l'écart, mais cherche aujourd'hui à directement engager le dialogue avec le public étranger* » (Melissen, 2005, p. 10).

D'autres renvoient à l'importance du dialogue en tant qu'élément-clé du concept de diplomatie publique. Ce dialogue peut être défini en tant que flux d'information émanant du gouvernement à destination de l'opinion publique (secteur non gouvernemental) et vice versa, et devant aller au-delà de la simple présentation de l'État (Neag, 2014). Ce dialogue est devenu le modèle d'une « diplomatie 2.0 » faisant le lien avec le Web 2.0 et le développement des nouvelles technologies de communication. Ce statut privilégié du dialogue dans le cadre de la diplomatie publique n'occasionne cependant pas la perte totale d'une forme de communication unidirectionnelle, celle-ci restant toujours utilisée (Arsenault, 2009).

La plupart des discussions ayant trait à ce thème ont eu lieu dans les pays anglo-saxons, la position dominante quant à ce sujet émanant des États-Unis, qui ont défini la diplomatie publique en tant que processus de communication de l'État avec l'opinion publique étrangère. Ce concept a été caractérisé en 1965 par l'ancien ambassadeur américain Edmund Gullion qui a analysé dans une étude l'influence de l'opinion publique d'autres pays sur la politique étrangère des États-Unis. Il convient de rappeler que ces écrits datent de l'époque de la Guerre froide : le principal objectif de Gullion était alors d'aboutir à une forme de propagande alternative, facilement acceptable et plus appropriée que la précédente, perçue trop négativement. L'attention s'est fortement concentrée sur la diplomatie publique durant cette période de conflit bipolaire, et l'intérêt accru que lui ont manifesté les hommes politiques en a fait un atout particulièrement efficace (Rasmussen, 2012).

La diplomatie publique n'est cependant pas figée et connaît d'incessantes évolutions : les principes de ce concept se transformant au gré des changements du système et des relations internationales. Ces mutations ont eu pour effet de transformer le concept de diplomatie publique en l'adaptant aux défis et besoins du système international (cette notion est résumée dans le terme *new public diplomacy*).

L'essor des technologies modernes d'un siècle à l'autre a fourni à la population un accès sans précédent à l'information, disponible via de nombreux canaux. Cela a eu pour effet d'accroître l'influence de l'opinion publique sur la politique intérieure et étrangère de l'État (Goldsmith, Horiuchi, 2009). De nouveaux thèmes globaux sont venus s'imbriquer au cœur de la diplomatie, faisant ainsi progresser le débat quant à la légitimité de la diplomatie classique et secrète. De nouveaux thèmes à caractère global ont ainsi dû être pris en compte, notamment le commerce international, les droits de l'homme, la sécurité internationale et l'environnement (Zaharna, 2010).

Cette modification du concept de diplomatie publique a, en conséquence, fait primer la mise en place de relations sur la simple activité d'information : la construction des relations venant ainsi renforcer la confiance mutuelle pour favoriser la collaboration et la compréhension mutuelle (Cull, 2009 ; Arsenault, 2009).

Autre changement, la modification de l'échelle des acteurs considérés comme exécutants de la diplomatie publique. Les États ont progressivement perdu leur statut privilégié au profit d'acteurs non étatiques jouant un rôle non négligeable et reprenant, dans une certaine mesure, la fonction des institutions étatiques afin de promouvoir et d'améliorer l'image de l'État aux yeux de l'opinion étrangère (Cull, 2009). Le fort potentiel informatif de ces nouveaux acteurs leur confère un pouvoir d'information (*information power*) qui constitue un avantage incontestable lorsqu'ils participent aux affaires de politique étrangère, notamment de par leur capacité à fournir à l'opinion publique un nouveau type d'information, envisagé d'un point de vue différent (Zaharna, 2010).

Les ouvrages spécialisés proposent également des définitions plus vastes du concept de diplomatie publique. La vision la plus large est exprimée par C. Schneider, selon laquelle la diplomatie publique englobe « *tout ce qui est manifesté par un État lors de son rapport avec le reste du monde* ». L'auteure identifie ici la diplomatie publique à l'ensemble des actes d'un pays, en regroupant non seulement les activités officielles du gouvernement, mais aussi celles des autres membres de la société qui influencent de façon intentionnelle ou involontaire, positivement ou négativement, l'opinion publique de l'étranger vis-à-vis de leur pays d'origine.

Le chercheur slovaque J. Bátora est, pour sa part, un peu plus précis en mentionnant « *toutes les activités – des acteurs étatiques et non étatiques – contribuant à maintenir positivement et à accroître le soft power d'un État* ». Contrairement à la définition précédente, l'auteur délimite le cadre des activités effectuées par les acteurs non étatiques pouvant être considérées comme composantes de la diplomatie publique. Il leur assigne comme facteur de reconnaissance le caractère positif de leur apport pour le soft power de l'État. La relative « étendue » du concept de diplomatie publique est principalement due au caractère indéfini du soft power tel que présenté par Nyc et à un grand nombre de facteurs influant sur l'importance de ce pouvoir (Pajtinka, 2008).

Nous pouvons considérer comme situation idéale pour le développement de la diplomatie publique un large échange d'informations entre le pays émetteur et son destinataire, et ce à tous les niveaux : politique, économie, médias et société civile, dans la mesure où seul le renforcement continu et systématique de la confiance mutuelle rendra possible une amélioration de la réputation d'un pays donné pour garantir une meilleure base à sa politique étrangère (Nye, 2004). Le principal objectif de la diplomatie publique est donc de former une réputation. Chaque pays a cependant, en fonction de son histoire, de sa taille ou de son potentiel diplomatique un besoin propre de se présenter et utilise pour cela différentes stratégies. Il faut néanmoins que celles-ci aillent de pair avec l'objectif supérieur et le profil clairement défini du pays en question, profil dont les contours devront rester identiques lorsqu'ils seront transposés dans le contexte de n'importe quel pays cible.

La communication politique internationale a connu des transformations considérables au cours des deux dernières décennies. De nouveaux acteurs, de plus en plus souvent non étatiques, ont ainsi fait leur apparition. Nombreux sont néanmoins ceux qui estiment que ce groupe d'acteurs de la diplomatie publique n'est pas nettement défini (Pajtinka, 2008) en raison notamment de motivations et d'objectifs premiers différents des acteurs non étatiques si on les compare aux organes diplomatiques. La délimitation du champ des acteurs non étatiques doit donc être discutée. En nous basant sur les définitions délimitant la diplomatie publique en tant qu'instrument de l'État ou ensemble d'activités soutenues par celui-ci, nous pouvons considérer en tant qu'acteurs non étatiques les acteurs effectuant des activités influant sur l'opinion publique internationale, que ce soit au bénéfice de leurs intérêts ou avec un soutien (ou tout autre mode de coopération intentionnel) émanant des organes de l'État. Les acteurs non étatiques sont donc des acteurs ad hoc de la diplomatie publique, en fonction de la nature des activités qu'ils accomplissent à un moment donné.

De nombreux faits indiquent un plus large contexte de réalisation de la diplomatie politique – notamment l'existence de relations internationales mondialisées et celle d'une politique internationale complexe ne pouvant être analysées de façon isolée. Il est donc nécessaire d'observer la situation en tenant compte de tous les phénomènes et processus parallèles. Il est certain que la forme de la communication politique a dépassé le cadre d'une communication État/État allant jusqu'à élargir, dans le cas des organisations internationales, la place allouée aux acteurs non étatiques. La diplomatie publique symbolise le mieux ces changements, car elle regroupe – outre ses composantes de politique étrangère – des éléments de propagande, de marketing politique et de diplomatie culturelle, tout en restant liée à des impératifs stratégiques et aux thèmes de la diplomatie économique auxquels s'ajoutent depuis peu ceux des nouveaux médias (mondialisés).

Quel(s) rôle(s) pour les médias dans la diplomatie ?

Les arguments développés précédemment indiquent clairement qu'un nombre d'acteurs de plus en plus important participe à la diplomatie publique. Cette évolution, considérée comme une « privatisation de la diplomatie » fait d'ailleurs l'objet d'un nombre croissant d'analyses. Tout comme dans le cas de la plupart des processus liés aux relations internationales, il n'est cependant pas possible d'appréhender cette privatisation par le biais d'une seule définition. Il convient donc de la considérer comme un processus dans le cadre duquel des acteurs privés récupèrent des fonctions gouvernementales et compétences autrefois détenues exclusivement par l'État. Ces acteurs privés possèdent divers intérêts et agissent souvent en faveur de leur propre profit, mais disposent d'une certaine forme d'autonomie et de compétences dans les domaines touchés par la privatisation. L'éventail des différents acteurs constitue une force globale qui comprend les géants des médias et les organisations non gouvernementales ainsi que les multinationales du secteur privé et certaines personnalités importantes (Fitzpatrick, 2009 ; Lord, 2008).

Les États et d'autres acteurs ne constituent pas des univers séparés. Au contraire, ils entretiennent des relations qui sont constantes et étroites, qui peuvent être coopératives ou conflictuelles. Nombreux sont à dire qu'il n'existe pas qu'une seule diplomatie, mais plusieurs. La diplomatie publique a dû s'adapter aux mutations de l'espace public international soulevées précédemment.

Selon la chercheuse en relations internationales, Rondha S. Zaharna (2010), la problématique soulevée par ces évolutions dépend des interactions, des dynamiques observées entre trois facteurs clés de la sphère politique internationale : 1) les acteurs et leurs motivations politiques ; 2) les technologies de communication ; 3) la manière dont les nouveaux acteurs se mobilisent, s'organisent et utilisent ces technologies pour atteindre leurs buts. Si le passage de la diplomatie traditionnelle à la diplomatie publique relève de la somme de ces trois facteurs, le passage à la nouvelle diplomatie publique relève des interactions observées entre eux.

La généralisation des technologies de l'information et de la communication a renforcé la visibilité des opinions publiques. Pour Julien Nocetti (2011), les outils numériques ont des répercussions sur la manière dont les populations peuvent être impliquées dans les débats. Internet est un outil de diffusion de l'information d'une portée nouvelle. Il permet à un nombre croissant d'individus de se faire une opinion sur des événements et des problématiques indépendants de la politique des États. Il facilite le débat politique et la communication des idées en vue d'influencer le monde, et ceci à un degré lui aussi inédit, d'autant que les acteurs non étatiques se veulent plus influents en matière de politique étrangère.

On peut aller plus loin et dire que les opinions publiques sont devenues des acteurs privés à part entière, car elles façonnent, de manière considérable, le contexte international : « *elles se relient au monde entier, dépassent les frontières, créent des événements qui ont des répercussions sur l'équilibre international* » (Carron de la Carrière, 2009). L'affirmation des opinions publiques dans les relations internationales est amplifiée par les réseaux médiatiques à couverture mondiale qu'on appelle les médias internationaux, qui véhiculent de l'information formatée. Leur expression est médiatisée grâce à l'aptitude des nombreux faiseurs d'opinions internationaux qui se sont récemment multipliés, surtout des think tanks et des ONG.

Cependant, la difficulté consiste, selon nombreux, à cerner ces opinions publiques. Selon Guy Carron de la Carrière (2009), « *une opinion publique vraiment mondiale n'existe encore qu'exceptionnellement, il y a surtout des opinions publiques nationales et, parfois, régionales. Elles ne convergent pas nécessairement. Il serait abusif de croire, comme on le fait parfois, à l'existence d'une société civile émettant des messages que l'on puisse clairement interpréter à partir d'une conscience collective* ».

L'intérêt des États pour les peuples est toutefois indisputable. Les ministères des Affaires étrangères sont obligés de communiquer avec les publics qu'ils soient nationaux ou étrangers. Selon Jozef Bátora, les gouvernants ont besoin de « plaire » aussi à leur propres citoyens, sachant que ces derniers « associeront ensuite volontiers les actions à l'étranger à leur État et seront enclins à faire la promotion de ce soft power » (Mballa, Michaud, 2016). La diplomatie publique d'un ministère des Affaires étrangères atteint maintenant l'» intérieur » pour permettre à leurs propres citoyens d'être mieux informés sur le rôle international de leur pays, car ils sont devenus, de facto, des « citoyens ambassadeurs » (en bien ou en mal) dans leurs interactions avec des auditoires étrangers.

Mais comment on pourrait définir le rôle que les médias, nationaux ou internationaux, publics et privés, devraient jouer dans la diplomatie publique sachant que ceux-ci ne peuvent pas être considérés comme de simples outils de politique étrangère étant donné que leur production éditoriale au quotidien n'est pas définie par des diplomates, mais par des journalistes ?

La sphère des médias, tout comme celle de la diplomatie publique, représente une problématique complexe pouvant entraîner divers types de réaction. Pour répondre aux besoins de la présente communication, nous considérerons les médias en tant qu'institutions sociales ou organisations médiatiques « *multipliant les annonces à caractère public et les développant à destination d'un public large, dispersé, divers et non défini individuellement* ». (Osvaldová, Halada, 1999, p.104).

Si on se limite uniquement aux médias d'information, il s'agit des structures financées par des fonds publics ou privés dont l'activité consiste, entre autres, en la rédaction d'une information de type journalistique en recherchant, regroupant et sélectionnant des événements et des faits. Ceux-ci sont présentés sous forme de nouvelles propres ou reprises et de reportages qui sont ensuite rendus publics, transmis et diffusés, sous forme écrite et parlée, par le biais de sons et d'images, et ce de façon continue ou à intervalles réguliers dans le cadre des rubriques d'information et émissions destinées au grand public. Ledit public n'est en aucun cas limité dans l'espace. La seule contrainte vis-à-vis de la retransmission de l'information est principalement liée à l'accessibilité des différentes technologies, même si le facteur financier peut éventuellement influer sur l'accès aux journaux, à la télévision ou à Internet. Cette définition présente non seulement la dimension de transmission de l'information en tant que processus de communication à sens unique – même s'il est possible d'y coupler d'autres médias – comprenant d'une part une structure organisée et hiérarchisée dont le mode d'emploi est défini de façon interne et d'autre part un processus de fonctionnement installé individuellement.

Les nouveaux médias, et plus particulièrement ceux présents sur Internet, représentent un nouvel échelon d'espace public virtuel proposant aux groupes et individus de larges canaux d'information, démocratisant ainsi le mode d'utilisation du point de vue de la communication sociale. La forme de ces médias permet en outre d'effacer les écarts entre secteurs public et privé. Autres facteurs importants, l'accroissement de la vitesse et du caractère actuel, rendus possibles par Internet lors du transfert et de la présentation de l'information, mais aussi l'essor qualitatif des outils accessibles qu'il est possible de lire, d'écouter et de regarder, même à plusieurs milliers de kilomètres de chez soi, et ce de façon complète et rétroactive. En plus des changements liés à la réception et à la consommation des contenus par le public, on assiste surtout à une réduction des obstacles lors de la création d'information. Les anciens lecteurs, auditeurs ou spectateurs passifs, profitent d'un plus grand nombre de possibilités pour devenir des consommateurs actifs, modifiant – en fonction de ce qu'ils souhaitent voir ou apprendre – leurs priorités d'un seul clic de souris. Ils deviennent surtout des producteurs et transmettent leur opinion au monde extérieur. Nous pouvons notamment observer cette métamorphose par le biais du journalisme citoyen (participatif) et sur divers sites et blogs spécialisés.

Le système des médias lui-même a connu une évolution extraordinaire ainsi les États, doivent faire face aux nouveaux enjeux. Dans cette contribution, nous voulons traiter de certains aspects de caractère plutôt technique, les aspects qui liés au façonnement de l'opinion publique par les médias. Nous voulons porter l'attention à l'altération des opinions publiques par la diffusion électronique sélective de vidéos biaisées sachant que les vidéos sont très impliquées dans le façonnage des opinions, peut-être plus que les journaux et les radios où on constate qu'ils ont perdu, ces dernières années, de leur popularité. Bien que les vidéos puissent être truquées et gravement biaisées, sciemment ou par omission, elles gardent encore une aura de véracité pour le public. Nous examinons les canaux de distribution sélective par internet et par diffusion TV satellite et terrestre ciblée géographiquement, en contrastant leurs pouvoirs, leurs degrés d'anonymat, leurs problèmes et les contre-mesures techniques possibles quant à la manipulation des opinions. Notre argumentation est illustrée par des exemples concrets d'un passé récent incluant la privation totale d'accès en Corée du Nord, Facebook et Twitter, les TV étrangères sur PBS US, le blocage du canal *AL Manar*, la lutte pour l'interdiction de NDTV en Chine.

Quels médias pour quelle(s) diplomatie(s) ?

La diplomatie d'un pays dans un monde maintenant globalisé est la mise en œuvre de sa politique étrangère par un grand nombre d'acteurs médiatiques, particulièrement grâce à la télévision et à Internet, en plus de ses diplomates professionnels. Alors que les diplomates parlent principalement à leurs homologues étrangers, ces acteurs médiatiques parlent directement au public, dans leurs pays respectifs, mais aussi à l'étranger. Certains sont capables d'être regardés et écoutés par un large segment de la population alors que les messages des diplomates officiels restent souvent confidentiels hors des cercles gouvernementaux.

La télévision hertzienne analogique a, pendant des décennies, fourni le moyen primordial d'informer les masses. Le nombre de programmes était limité par les technologies d'émission/réception, mais aussi par les budgets audiovisuels, surtout quand il n'y avait pas de publicité. Les nouvelles télévisées étaient fournies en général par une chaîne principale, à une heure précise de grande écoute, en soirée, après que les travailleurs aient pu regagner leurs foyers. Avec un contenu national, préparé par des journalistes du pays et présenté par des journalistes célèbres et crédibles, le message était unique et cohérent.

Même aux États-Unis où 3 chaînes privées (*American Broadcasting Corp.* (ABC), *Columbia Broadcasting System* (CBS) et *National Broadcasting Corp.* (NBC) se chargeaient d'informer le public par des nouvelles nationales, leurs messages factuels étaient sensiblement identiques, donc cohérents. Il y a eu toutefois des exceptions. La stature du journaliste présentateur en chef des nouvelles du réseau CBS lui a permis de changer la perception de la guerre du Vietnam par les Américains, et probablement de contribuer à changer la stratégie de politique étrangère des États-Unis. Le 27 février 1968, après une longue enquête sur le terrain suivant la grande offensive du Têt, il clôt le journal national télévisé par sa courte analyse qu'il qualifie lui-même de « spéculative, personnelle et subjective », même si était approuvée par son directeur de rédaction : « *Mais il est de plus en plus clair pour ce journaliste que la seule solution rationnelle consistera à négocier, non pas en vainqueur, mais en tant que peuple honorable qui a tenu sa promesse de défendre la démocratie et a fait de son mieux. Ici Walter Cronkite. Bonne nuit* » (Cronkite, 1968).

Bien entendu, l'existence d'une chaîne dominante à l'audimat dans les pays peu ou pas démocratiques reste aujourd'hui un moyen privilégié pour l'éducation dirigée des masses par le pouvoir en place. Par exemple, l'émission politique « Nouvelles de la semaine » présentée par le célèbre journaliste Dmitri Kisselev le dimanche soir à 20 h, heure de grande écoute, est une émission de pure propagande gouvernementale (Thema, 2016). Cette émission de deux heures trente est parfois très violente contre l'Ouest. Par exemple, en 2014, elle expliquait avec des animations graphiques comment l'OTAN allait attaquer la Russie, mais que la Russie finalement réduirait en cendres radioactives les USA grâce à ses missiles balistiques à déclenchement automatisé. Pendant ce programme, son audience était au-dessus de 20 %, même face à un célèbre film sur une autre chaîne, ce qui est étonnant pour un programme de politique. Mais ces émissions touchent la fibre nationaliste russe et redonnent de la fierté à un people encore attristé d'avoir rétrogradé sur la scène internationale.

On peut sans crainte caractériser ces programmes de propagandistes, car dans une interview en 2014 à Moscou, Dmitri Kisselev, journaliste, mais aussi directeur-général de l'agence Rossiya Sevodnia expliquait qu'il n'a aucune raison de critiquer ou d'ignorer les vues du Président Poutine puisque c'est lui qui finance ses médias (Thema, 2016). Et pour le Président Poutine, monter la fièvre revancharde dans son pays est un moyen de s'assurer d'un support fort pour ses expéditions conquérantes à l'étranger, en particulier vers des bases navales jamais prises par les glaces comme Sébastopol et Latakieh.

La télévision classique que nous venons de décrire brièvement est caractérisée par un contenu national, voire nationaliste, un message cohérent préparé localement pour les citoyens d'une nation, et l'anonymat de sa réception (hormis l'échantillonnage possible, mais limité pour l'audimat, ou la délation exigée comme en Corée du Nord).

La transition des technologies de distribution de télévision d'analogiques en digitales a permis une meilleure utilisation du spectre de fréquences disponible. En conséquence, le téléspectateur obtient une meilleure qualité d'image, en particulier grâce à des offres en Haute Définition (HD), mais surtout beaucoup plus de canaux ce qui permet à l'opérateur d'offrir une grande variété de contenus locaux, nationaux et étrangers.

La disponibilité de contenus audiovisuels sur des sujets de société, potentiellement accessibles gratuitement et sans limites de frontières par les nouveaux médias, est clairement dans le champ de la diplomatie puisqu'une de ses missions est de représenter son pays auprès d'une nation étrangère. Cela est surtout vrai pour des contenus doublés dans la langue de la nation étrangère visée, ou dans une langue comprise par un grand nombre de ses citoyens. Ce genre de programmes est en fait une arme à double tranchant. Des contenus vidéo positifs peuvent aider les efforts diplomatiques d'un pays qui est fier de sa prospérité et du bon fonctionnement de sa société, et qui cherche à déstabiliser une nation étrangère qui souffre et aspire a des jours meilleurs. Des contenus vidéo négatifs émanant d'un pays et documentant par exemple des actes hostiles envers les touristes, des manœuvres délictuelles pour s'enrichir, ou des tueries folles, peuvent être repris et amplifiés par les médias de la nation étrangère pour convaincre ses citoyens de ne pas croire aux « mirages » proposés par la forme de gouvernement du pays exposé.

Bien entendu, les médias ne fournissent pas nécessairement leurs contenus, partout et à n'importe qui. De nombreuses barrières existent. Elles peuvent être structurelles ou intentionnelles, selon le mode de diffusion :

- *Le filtrage par la zone géographique touchée* : la télévision terrestre est évidemment locale alors que la télévision par satellite est régionale en vertu de la physique des antennes, l'empreinte de réception couvrant typiquement des millions de km^2, donc souvent plusieurs pays.

- *La transparence concernant l'origine du contenu* : Les informations internationales furent pendant longtemps délivrées presque exclusivement au grand public par le biais de radios, télévisions et journaux nationaux. Une minorité seulement avait l'intérêt et les moyens d'aller consulter directement ces mêmes types de sources à l'étranger. Les nouveaux moyens de distribution de TV brouillent la frontière entre sources nationales et sources étrangères.

- *Le filtrage individuel par le mode de distribution* : la télévision peut être cryptée, n'autorisant la réception que par les récepteurs équipes d'un décodeur avec sa carte de décryptage, en général renouvelable après paiement.

- *Le filtrage et la diversification de contenu contrôlés par la source* : applicable aux systèmes de distribution où le récepteur a une carte autorisant un certain profil de réception des programmes autorisés, et aux systèmes bidirectionnels où l'émetteur peut identifier le récepteur et donc décider d'envoyer ou non son contenu. C'est le cas du filtrage ou blocage sur internet basé sur l'adresse IP du récepteur.

- *La qualité de service* : importante, car elle conditionne partiellement la taille de l'audience que l'opérateur peut espérer acquérir. Une expérience visuellement attrayante, en HD ou mieux en 4k, permet d'espérer la fidélisation de l'audience. La qualité de service n'est pas garantie dans le cas de streaming vidéo sur internet, en particulier de haute qualité, puisque la capacité instantanée du canal du serveur vers le spectateur est inconnue et variable. Le visionnement réussit évidemment beaucoup mieux sur des téléphones mobiles à petits écrans qui ne nécessitent qu'un faible débit d'information.

Revenons sur le cas de la télévision par satellite ou un contenu élaboré par une entité dans un pays x peut être techniquement diffusé sur le territoire d'un autre pays, en parallèle avec les contenus nationaux de ce pays. L'opérateur du satellite fournit un relais dans l'espace qui simplement reçoit un signal sur une antenne, le change de fréquence puis le retransmet vers une certaine région de la terre via une autre antenne. Cette opération est techniquement transparente, définie par un contrat commercial de service entre opérateur satellite et propriétaire des contenus. Mais elle peut créer des dilemmes sur le plan du droit international et de la diplomatie à cause de contenus pouvant être véhiculés par cette diffusion. On peut citer deux exemples :

- *L'affaire Al-Manar* (Special Information Bulletin, 2004) : diffusion commerciale négociée par contrats, par plusieurs satellites internationaux dont celui d'un opérateur français couvrant l'Europe, d'une chaîne palestinienne dont le point de vue de la programmation était fortement anti-israélien et anti-américain. Selon le directeur des informations d'Al Manar, Hassan Fadlallah, Al Manar ne visait pas à être neutre dans sa diffusion et prenait résolument le parti des Palestiniens. En décembre 2004, l'organisation coiffant Al-Manar fut placée sur la liste des organisations terroristes par les États unis. Quasi simultanément, le Conseil d'État en France ordonna l'arrêt de la diffusion et d'autres opérateurs occidentaux cessèrent aussi de relayer Al-Manar. Aujourd'hui ce programme est quand même disponible sur Internet.

- *L'affaire de l'interdiction de diffusion par satellite des programmes de New Tang Dynasty Television (NTDTV) vers la Chine* (NTDTV case, 2008) : NTDTV semble associée au groupe spirituel Falun Gong que les observateurs étrangers considèrent comme une pratique spirituelle chinoise essentiellement bénigne, d'inspiration bouddhiste, exhortant les pratiquants à cultiver la vérité, la compassion et la patience. D'abord accepté par le Parti Communiste Chinois (PCC), le Falun Gong devenait tellement populaire à la fin des années 90 qu'il est devenu l'ennemi du PCC. Le PCC a utilisé les médias comme CCTV pour le combattre à l'étranger, mais aussi des pressions physiques y compris la torture sur le sol chinois. La chaîne de télévision « New Tang Dynasty », basée à New York, diffusait des informations non censurées sur la Chine en utilisant la capacité de l'opérateur satellite européen Eutelsat. Brutalement, les programmes ont cessé d'être transmis, peu avant les jeux Olympiques de Pékin en 2005. L'opérateur satellite a dit que la cause était technique, la perte d'un transpondeur sur le satellite W5 nécessitant un délestage de canaux. Mais NTDTV pense avoir des preuves de la pression du gouvernement Chinois sur l'opérateur satellite pour le forcer à arrêter les transmissions sous peine de perdre les importants bénéfices de contrats de capacité satellite avec le gouvernement chinois. En fin de compte, le Tribunal de Commerce de Paris a soutenu Eutelsat dans sa position selon laquelle il n'avait pas agi de manière discriminatoire et avait fondé son approche uniquement sur des considérations techniques et économiques.

L'évolution la plus perverse des moyens d'information politique est le rôle grandissant des réseaux sociaux. Adoptés à l'origine par les jeunes pour établir leur image sociale dans leur cercle d'amis, ils servaient à des échanges d'informations personnelles, en temps réel, entre amis. Et entre amis, un certain climat de confiance s'établit, provoquant une sorte d'acceptation a priori des messages reçus. Cette crédibilité envers des messages d'amis semble se transformer pour beaucoup en crédulité face à des messages d'origines inconnues, mais rédigés et formatés pour donner une impression de vérité. De nombreux internautes agissent ainsi dans l'urgence d'un « scoop » et servent de relais de diffusion à des nouvelles sciemment fabriquées pour tromper avec l'espoir d'affoler le public, de discréditer les institutions d'État, et peut-être de biaiser leurs votes.

Il faut noter aussi la naïveté des réseaux sociaux dans l'implémentation d'algorithmes de priorisation dans la présentation des messages à destination d'un internaute donné. Au début, les réseaux sociaux tels que *Facebook*, *Instagram*, *Snapchat*, *Pinterest*, et *Twitter*, affichaient en ordre chronologique inverse, le plus récent d'abord. Tous travaillent maintenant et indépendamment à la recherche d'algorithmes d'intelligence artificielle pour essayer de deviner l'ordre dans lequel l'internaute souhaiterait lire ses messages. L'idée est évidemment que si l'algorithme d'un service donné devine juste, l'internaute aura une expérience positive avec ce service, ce qui devrait l'y fidéliser. Les algorithmes semblent s'orienter vers des sortes de votes qui pondèrent les intérêts de l'internaute, le type d'information et son média, et l'intérêt des autres internautes pour cette information particulière. Alors que les journalistes chevronnés appliquent des règles draconiennes de vérification d'une information par plusieurs sources indépendantes avant publication, les réseaux sociaux semblent utiliser naïvement le « trending », c'est-à-dire l'intérêt suscité parmi les autres internautes, pour augmenter la priorité d'une nouvelle. Cela peut donc conduire à la dissémination explosive de fausses informations, en particulier si elles étonnent les internautes au point de vouloir vraiment les partager avec d'autres.

Ce qui aggrave aussi le risque que présentent les réseaux sociaux quant au façonnement des opinions, ce sont les techniques de micro ciblage des internautes. La tentation était trop grande, en l'absence de régulation contraignante aux USA concernant le traitement de données privées, pour que les réseaux sociaux américains se privent de créer des bases de données qui seraient extrêmement utiles aux publicitaires, leur principale source de revenus. Plusieurs réseaux sociaux sont donc devenus des plateformes de profilage extrêmement pointues par le croisement des informations négligemment égrainées par les internautes. Les trois plateformes phares sont évidemment *Facebook*, *Twitter* et *Google*. Lorsque le Congrès veut enquêter sur l'utilisation à des fins politiques des réseaux sociaux, ce sont ces compagnies qu'ils convoquent en audiences publiques.

Pour se rémunérer, ces réseaux sociaux vendent, en particulier, leurs services de distribution de messages publicitaires à quiconque a un budget, si petit soit-il. Facebook, par exemple, facture ses services de diverses façons en fonction du choix du publicitaire : quel prix est-il prêt à payer par pub affichée, par clic, par conversion d'un clic en visite d'une page web ou en achat d'un produit, etc. Les choix sont complexes, demandant l'assistance d'experts, car le publicitaire est en fait dans un mécanisme d'enchères à l'aveugle contre les autres publicitaires, avec *Facebook* qui manœuvre entre tous pour maximiser ses profits.

Ce qui rend ces réseaux sociaux particulièrement dangereux, c'est la possibilité pour des entités de distribuer anonymement des messages publicitaires à caractère politique, adaptés en utilisant les outils de *Facebook* pour micro-cibler les destinataires en fonction de leurs profils détaillés. C'est ce que Brian Parscale (2017), le Directeur Digital de la campagne du candidat Donald Trump, a réussi en envoyant des millions de publicités à des électeurs américains, chacune adaptée en fonction de critères géographiques, démographiques, et même graphiques, en fonction des retours observés lors des précédents envois. Il est convaincu que, bien que *Twitter* soit le médium que le Président Trump alors candidat a utilisé pour parler à son public, c'est *Facebook* qui lui a fait gagner l'élection !

Si un réseau social, tel que *Facebook*, peut avoir une telle influence, il y a des raisons de s'inquiéter. En effet, dans une optique « business is business », *Facebook* a accepté d'aider des entités opaques à utiliser les techniques de micro-ciblage à grande échelle, telles que celles utilisées par Parscale. Le fait que certains contrats de publicité étaient apparemment payés en roubles n'a même pas éveillé les soupçons des agents commerciaux gérant ces comptes. Alors que la loi américaine oblige les publicités politiques classiques à indiquer la mention « Payé par … », les messages politiques reçus par les internautes étaient parfaitement anonymes quant à la source de leur financement.

Ce masquage de l'entité réellement à l'origine d'un contenu est ce qui rend ces mécanismes pernicieux. Lorsqu'un internaute ou un téléspectateur regarde RT (Russia Today) hors Russie, le logo « RT » incrusté sur l'image devrait lui mettre la puce à l'oreille si tant est qu'il ait eu au moins une fois la curiosité de se renseigner quant à l'organisation qui pilote et finance RT. Si l'origine propagandiste du contenu et de son financement est claire, on peut alors supposer qu'il est mis en garde quant aux informations et reportages que ce canal diffuse.

Ce n'est évidemment pas le cas quand un internaute reçoit une publicité anonyme, ciblée grâce à son profil et dont le seul but est d'influencer son opinion quant à la légitimité des institutions de son pays, en insistant sur leur fonctionnement soi-disant douteux, sur les soi-disant mensonges de ses dirigeants, et donc finalement de biaiser son libre arbitre politique qui doit rester un des attributs des sociétés démocratiques.

Aux États-Unis, le risque encouru par les téléspectateurs face à des médias utilisant toutes les astuces de marketing n'a pas échappé aux législateurs, au moins dans certains domaines où les décisions prises par les téléspectateurs peuvent nuire gravement à leur santé, non seulement physique, mais aussi financière. C'est le cas des publicités télévisuelles pour les médicaments qui sont strictement contrôlées par la « Federal Trade Commission (FTC) ». Le laboratoire pharmaceutique annonceur peut prétendre apporter au patient des effets bénéfiques, après les avoir « démontrés », mais il doit aussi avertir le patient potentiel de tous les effets indésirables déjà répertoriés en les citant dans sa publicité télévisuelle. Leur liste est souvent tellement longue et franchement inquiétante qu'on se demande quel est le profil du téléspectateur qui oserait demander à en bénéficier. Le fait que ces publicités télévisuelles perdurent prouve qu'elles sont malgré tout efficaces et trouvent preneur dans un public par trop crédule.

Le législateur américain s'en est ému. Le 31 octobre 2017, un comité spécial du Sénat sur le renseignement a convoqué Facebook, Google et Twitter pour qu'ils s'expliquent quant à l'influence de leurs réseaux sociaux respectifs dans l'élection présidentielle de 2016 (U.S. Senate Select Committee, 2017). Représentés par leurs directeurs des affaires juridiques, ils ont surtout promis de faire plus dans le futur pour contrôler les ingérences étrangères. Remarquons que *Facebook* vient d'annoncer un nouvel outil qui permet au moins à ses utilisateurs de découvrir à quels sites de propagande russe ils ont été exposés par le biais de *Facebook* ou d'*Instagram* entre 2015 et 2017, sites fermés depuis.

La prise de conscience des dangers liés aux manipulations des médias semble s'accélérer. L'Union européenne, par son Service européen pour l'action extérieure (SEAE), a lancé en 2017 le site internet « euvsdisinfo.eu », disponible en anglais, russe, et allemand, et dont le but est de contrer les actions de désinformation pro-Kremlin qui polluent sournoisement les médias, actions dont le Kremlin nie évidemment l'existence. A l'automne 2017, des mesures ont été prises par le gouvernement américain pour adresser les ingérences étrangères graves via les médias. On peut citer un effort pour appliquer effectivement le « Countering Disinformation and Propaganda Act », loi signée par le Président Obama pour tenter d'éviter la prise de contrôle de médias américains par des organisations russes ou chinoises

(Portman, Murphy 2017). La chaîne RT et l'Agence Sputnik ont fait l'objet de reportages très négatifs dans les principaux médias aux USA. La chaîne RT s'est récemment plainte d'avoir beaucoup de difficultés à recruter des collaborateurs. En novembre, les deux ont été sommées de s'enregistrer comme agents d'une puissance étrangère, ce qui, en particulier, va les forcer à rendre leurs comptes et sources de financement public. En représailles, le Président Poutine a signé une loi en novembre 2017 permettant aux autorités de désigner des médias étrangers comme des « agents étrangers » en réponse à ce que Moscou a déclaré être une pression américaine inacceptable sur les médias russes.

Où cette escalade va-t-elle s'arrêter ? Il semble bien que l'on soit sorti du domaine de la diplomatie d'influence par les médias pour rentrer dans celui de la cyberguerre par les médias, la frontière entre les deux étant très floue. Rex Tillerson, le Secrétaire d'État américain, disait récemment que la diplomatie continuerait jusqu'à ce que la première bombe tombe (sur la Corée du Nord). Dans les médias, il semble que la diplomatie fait maintenant place à une guerre diplomatique où tous les coups sont permis, surtout s'ils sont bien cachés. Si par les médias on peut espérer conquérir l'ennemi sans avoir besoin de tuer au préalable une partie de sa population et de détruire une partie de son patrimoine économique, alors la cyberguerre de conquête devrait devenir l'arme de choix, en particulier lorsque l'on espère un changement de régime.

La principale cause de l'importance croissante de la diplomatie publique dans le domaine des relations internationales se retrouve dans l'intérêt grandissant pour l'opinion publique. Le degré d'information se développe peu à peu et le grand public est devenu un interlocuteur des débats politiques, lors lesquels sa voix se fait relativement forte. L'intégration de l'opinion publique dans la discussion s'opère donc via la diplomatie publique et cette résonnance directe constitue l'un de ses piliers, résonnance non seulement attendue, mais surtout souhaitée (Cull, 2010).

De nombreux travaux consacrés à la diplomatie publique relient ce concept à la propagande. La lecture du texte précédent nous rappelle que cette analogie est difficilement réfutable. La notion de propagande est historiquement liée à certains régimes (communiste, nazi), il n'est donc pas surprenant que certains États ou d'autres acteurs tentent de réfuter une utilisation au sens propre de ce terme. Cependant, le développement sans précédent des nouvelles technologies et leur utilisation dans le domaine des médias nous conduisent à exprimer certaines craintes et à poser plusieurs questions : où se situe exactement la frontière entre propagande et conviction ? La limite entre propagande et communication ? Et quid de la différence entre propagande et publicité ?

On peut toutefois constater qu'après une période débridée où les « brigands » de l'Internet pouvaient agir en toute impunité, en particulier à travers les réseaux sociaux, pour tenter d'influencer malhonnêtement les opinions publiques, il y a maintenant une prise de conscience par les gouvernements de la nécessite non pas de censurer, mais de débusquer les contenus malhonnêtes et leurs auteurs. On peut aussi espérer qu'une fraction grandissante du public, consciente de s'être probablement fait manipuler, mettra sa fierté non pas dans sa rapidité à colporter, mais dans son discernement quant à la qualité des informations discutées et relayées par les médias.

Références

Arsenault, A., 2009, « Public Diplomacy 2.0 », in Seib, P. (dir.), *Toward a New Public Diplomacy. Redirecting U. S. Foreign Policy*, New York, Palgrave MacMillan, pp. 135-153.

Bátora, J., 2005, « Public Diplomacy in Small and Medium-Sized States : Norway and Canada », *Discussion Papers in Diplomacy*, 97, Den Haag, Netherlands Institute of International Relations Clingendael.

Carron de la Carrière, G., 2009, « Les acteurs privés dans la diplomatie », *Les cahiers IRICE*, 1(3), IRICE.

Cohen, Z., 2017, « North Korea defector [Thae Yong-ho] says information more dangerous than US threat », CNN, 2 novembre 2017.

Cronkite, W., 1968, « Report from Vietnam », CBS Evening News, 27 février.

Cull, N. J., 2006, « 'Public Diplomacy' Before Gullion : The Evolution of a Phrase », *USC Center on Public Diplomacy,* disponible sur www.uscpublicdiplomacy.org/blog/060418_public_diplomacy_before_gullion_the_evolution_of_a_phrase (10.11.2017).

Goldsmith, B. E. & Horiuchi, Y., 2009, « Spinning the Globe ? U.S. Public Diplomacy and Foreign Public Opinion », *The Journal of Politics,* 71(3), pp. 863-875.

Gura, R., 2011, « Moc alebo vplyv ?: zahraničná politika a diplomacia V. Francúzskej republiky », *Diplomacia v ére globalizácie : zborník z konferencie k 50. výročiu prijatia Viedenského dohovoru o diplomatických stykoch,* Banská Bystrica, Univezita Mateja Bela, Fakulta politických vied a medzinárodných vzťahov, pp. 55-68.

Leonard, M., 2002, *Public Diplomacy,* London, The Foreign Policy Centre.

Mballa, C. & Michaud, N., 2016, *Nouvelle politique étrangère,* Presses de l'Université du Québec.

Melissen, J. (dir.), 2007, *The New Public Diplomacy. Soft Power in International Relations.* New York, Palgrave Macmillan.

Neag, M., 2014, « Promoting Security through Public Diplomacy », *Renista Academici Fortelor Terestre* vol.19, n° 2, pp. 160–167.

Nocetti, J., 2011, « La diplomatie d'Obama à l'épreuve du Web 2.0 », *Politique étrangère,* n°2011/1, Institut français des relations internationales (IFRI).

NTDTV case, 2008, « European satellite operator Eutelsat suppresses independent Chinese-language TV station NTDTV to satisfy Beijing », Reporters without borders, 10 juillet 2008.

Osvaldová, B. & Halada, J. (dir.), 1999, *Praktická encyklopedie žurnalistiky,* Libri, Praha.

Pajtinka, E., 2007, Kultúrna diplomacia ako súčasť medzinárodných vzťahov na začiatku 21. storočia, *INTERPOLIS '07,* Bratislava, Pamiko, pp. 30-34.

Pajtinka, E., 2008, « Verejná diplomacia », *Diplomatická služba členského štátu EÚ v procese európskej integrácie,* Bratislava, Ekonóm, pp. 185-200.

Parscale, B., 2017, « Interview by Lesley Stahl », programme CBS 60 minutes, septembre 2017.

Peterková, J., 2008, « Veřejná diplomacie malých států a realita České republiky », *Mezinárodní vztahy,* vol. 43, n° 2, pp. 5-25.

Portman, R. & Murphy, C., 2017, « President Obama signs the Countering Disinformation and Propaganda Act into Law », U.S. Senate press release, 23 décembre 2017.

Quessard-Salvaing, M., 2016, « Repenser la diplomatie publique américaine après le 11 septembre : acteurs, enjeux et stratégies de diffusion au service du leadership », Mémoire(s), identité(s), marginalité(s) dans le monde occidental contemporain, sur <http://journals.openedition.org/mimmoc/2441> (17.11.2017).

Rasmussen, R., 2012, « The New PR of States : How nation branding practices affects the security fiction of public diplomacy », *Public Relations Review*, n° 38, pp. 810–818.

Rosputinský, P., 2011, « Diplomatické právo v súčasnosti », *Diplomacia v ére globalizácie : zborník z konferencie k 50. výročiu prijatia Viedenského dohovoru o diplomatických stykoch*, Banská Bystrica, Univerzita Mateja Bela, Fakulta politických vied a medzinárodných vzťahov, pp. 23-44.

Schneider, C. P, 2004, « Culture Communicates : U. S. Diplomacy That Works », *Discussion Papers in Diplomacy*, n° 94, Den Haag, Netherlands Institute of International Relations Clingendael.

Special Information Bulletin, 2004, « Marketing of terrorism : Hezbollah's use of the Al-Manar TV station to spread incitement and hatred across the globe », Intelligence and Terrorism Information Center at the Center for Special Studies, octobre 2004.

Thema, « La propagande de Poutine », ARTE TV, juillet 2016.

Tuch, H., 1990, *Communicating with the World : U. S. Public Diplomacy Overseas*, Washington D. C., Institute for the Study of Diplomacy, Georgetown University.

U.S. Senate Select Committee on Intelligence, 2017, « Hearing on social media influence in the 2016 United States elections », *SH216*, 4 novembre.

Walker, S. 2015, « Salutin' Putin : Inside a Russian troll house », *The Guardian*, 2 avril.

Willink, J., 2017, « Drop 25 million iPhones on them and put satellites over them with free wifi. », *Twitter*, 6 septembre 2017.

Zaharna, R. S., 2010, « Battles to Bridges : U.S. Strategic Communication and Public Diplomacy after 9/11 », *Studies in Diplomacy and International Relations*, New York, Palgrave Macmillan.

Zaharna, R. S., 2011, « Strategic Stakeholder Engagement in Public Diplomacy », *Academia.edu.*, sur <http://www.academia.edu/541642/R.S_Zaharna_Strategic_Stakeholder_Engagement_in_Public_Diplomacy_paper_presented_at_the_International_Studies_As

sociation_Conference_Montreal_March_15-19_2011>, (12. 11. 2017).

Mária Roštekovà *est maître de conférences en relations internationales à l'Université Matej Bel, la Faculté des sciences politiques et des relations internationales à Banská Bystrica en Slovaquie. Ses travaux sont focalisés sur les instruments du soft power, notamment le système éducatif et les médias, puis sur la politique européenne de voisinage et les relations de l'UE avec la région méditerranéenne.*

Guy de Balbine *est ingénieur ECP, et docteur en sciences de l'information de Caltech, Pasadena. Avec son équipe basée aux États-Unis, il a travaillé surtout à l'international, souvent en Europe, sur de multiples projets de télécommunications terrestres, aéronautiques, ou satellitaires, en tant que consultant expert, fournisseur d'outils technologiques, ou pilote de développement.*

Chapitre 10

Diplomatie préventive, ancien concept, nouvelles méthodes ?

Radovan Gura

Résumé*. La diplomatie préventive ne peut être considérée ni comme un phénomène fondamentalement nouveau et révolutionnaire dans les relations internationales actuelles, ni comme une activité sans aucun antécédent dans l'histoire. Les conflits sont des phénomènes compliqués, pouvant être analysés dans de nombreuses dimensions. Ils influencent toutes les activités de la vie internationale. La diplomatie préventive doit réagir à cette complexité et s'y adapter.*

Mots-clés *: Diplomatie préventive – Conflit – Prévention des conflits – Système politique mondial*

La guerre froide est terminée depuis presque 30 ans, avec elle le conflit qui a déchiré la planète, influencé le fonctionnement du système politique mondial avec de multiples implications. Les compétitions entre les deux superpuissances sont significatives du comportement des États des deux blocs. La création d'organisations militaires (OTAN et Pacte de Varsovie), puis la guerre économique (Communauté Économique Européenne, Conseil d'Assistance Économique mutuelle), suivie par la compétition spatiale. Même les créateurs de dessins animés se sont adaptés à cette situation et le célèbre *Tom et Jerry* a eu un concurrent soviétique avec un méchant loup qui veut chasser un petit lapin, connu dans le bloc soviétique sous le titre *Ну, погоди* ![51]

[51] Nou pagadi, « toi, je t'aurais » (trad. de l'éditeur).

Bien entendu, cette situation politique a induit des comportements semblables pour les États appartenant à l'un ou l'autre bloc. En conséquence, le conflit a eu une influence décisive sur le travail de l'Organisation des Nations Unies, il l'a paralysée et a laissé peu de place à son fonctionnement efficace. C'est dans ces circonstances qu'est née l'idée de la diplomatie préventive. Il est difficile d'imaginer le courage du Secrétaire général de l'ONU, Dag Hammarskjöld, qui, en tant que représentant suprême des Nations Unies, a présenté cette proposition pouvant être jugée irréaliste de la prévention. L'idée de Hammarskjöld ne s'appuie pas sur la prévention des conflits en général, mais c'est l'ambition plus modeste d'empêcher les deux puissances d'interférer avec des conflits locaux. Il s'agissait aussi d'améliorer le rôle des Nations Unies dans la résolution de conflits potentiels à la périphérie des intérêts des superpuissances. Le concept de diplomatie préventive revient ensuite à l'ordre du jour des débats politiques et académiques. La réflexion pourra alors être confrontée au niveau pratique de la prévention des conflits.

La diplomatie préventive ne peut être considérée comme un phénomène fondamentalement nouveau et révolutionnaire dans les relations internationales actuelles, ni comme une activité qui n'a pas au moins un parallèle partiel dans l'histoire. Mais il semble que la diplomatie préventive sous sa forme actuelle montre un certain nombre de caractéristiques différentes de la diplomatie traditionnelle menée par les États dans le passé. Depuis la fin de la guerre froide, ce phénomène est lié, entre autres, au changement attendu de la structure du système des relations internationales et à la tentative de créer des conditions et des possibilités de prévention de la violence aux niveaux local, régional et mondial.

Les conflits déterminent le système politique mondial

La prévention des conflits a été une caractéristique spécifique de la société humaine, car le développement humain est associé aux conflits, aux luttes et aux divergences. L'idée de surveiller, de prédire et de prévenir l'émergence de conflits et des confrontations violentes potentielles a également fait partie intégrante des relations internationales, avant même la création d'un système moderne[52].

Plusieurs auteurs analysent l'évolution du système international et en proposent une périodisation. La plus large est celle proposée par les auteurs américains W. Copline et K. J. Holsti (1983) qui distinguent quatre étapes d'évolution : (1) le système international classique, 1648-1789 ; (2) le système international transitoire, 1789-1945 ; (3) le système international après-guerre, 1945-1973 ; (4) le système international actuel (Holsti, 1983).

Avec une démarche analogue, le politologue tchèque Krejčí (2010) analyse l'évolution du système politique mondiale qu'il divise en trois périodes. En premier, une « période prémoderne » où les principaux acteurs de la politique internationale sont les États sous la forme d'États urbains et dynastiques. La civilisation du monde dans son ensemble n'existait pas. Les différentes régions du monde évoluaient de manière autonome avec des relations internes spécifiques entre les États. Il n'y avait presque aucune relation entre ces régions. Les principaux objectifs des acteurs étaient de survivre et leur expansion, avec, donc, conflits et guerres, était le principal comportement des acteurs dans ce système. L'auteur met fin à cette période en 1648, à la fin de la guerre de Trente Ans et donc à la naissance du système de Westphalie. Ensuite cette périodisation continue avec la « période moderne » : les principaux acteurs du système deviennent des États qui ont un caractère nation dynastique et plus tard États-nations. Un système mondial nait donc, sur la base

[52] Le système international actuel ou le système politique mondial moderne est né des traités de Westphalie, en 1648, qui mettent fin à l'interminable guerre de Trente Ans qui a saigné à blanc l'Allemagne. Ils se soldent par l'émiettement politique de celle-ci. Les deux grands vainqueurs du conflit sont la Suède, devenue la principale puissance de la mer Baltique, et la France, son alliée, désormais sans rivale en Europe occidentale. La conférence réunie en Westphalie à la fin de l'été 1648 a un caractère inédit sinon révolutionnaire. C'est en effet la première fois que se retrouvent autour d'une table de négociation les grands États d'Europe. Et c'est la première fois aussi que sont définies les relations entre les États dans le respect de la souveraineté de chacun (Dignat, 2014).

de la civilisation chrétienne européenne. L'objectif principal des puissances européennes était alors l'expansion coloniale en dehors de l'Europe, avant les conflits idéologiques qui prendront fin avec l'autodissolution de l'Union soviétique en 1991. Krejčí achève sa périodisation avec la « période globale », qui suit le développement de la période moderne vers un système global où le système politique mondial des États relie tous les éléments politiques et sociaux (Krejčí, 2010).

En étudiant ces périodes où plutôt les dates de ruptures des périodes, il est facile de mettre en évidence les conflits qui ont déterminé et changé les relations dans ce système comme sa structure : la guerre de Trente Ans, puis la Révolution française, la Seconde Guerre mondiale ou la Guerre froide. Il est possible d'ajouter le 11 septembre 2001, l'attaque terroriste qui a influencé beaucoup l'évolution de la sécurité. Ces dates sont bien liées à des conflits dans les relations internationales.

Le conflit est un processus social avec sa propre dynamique. Les étapes et l'intensité des conflits les caractérisent différemment. L'intensité et le dynamisme affectent les outils et les stratégies des parties en conflit, et donc les possibilités de le résoudre. L'émergence d'un conflit et le comportement des acteurs du conflit sont influencés par un certain nombre de facteurs, en particulier l'expérience historique de l'interdépendance, la nature des parties au conflit, mais aussi la perception et l'interprétation de la situation de conflit. Par conséquent, l'examen de chaque conflit doit inclure : (1), une recherche sur la nature du conflit (position géopolitique et économique des parties en conflit, histoire des relations mutuelles, etc.) ; (2) la détermination du type d'acteurs (États, groupes révolutionnaires, mouvements d'indépendance, organisations internationales, etc.) ; (3) la nature des parties en conflit ; (4) une recherche sur les causes du conflit ; (5) une recherche sur l'environnement des conflits (qui est toujours en conflit, qui le soutient, qui essaie de résoudre la situation, etc. ?) (Waisová, 2005). La recherche est complexe, socialement et économiquement exigeante et ne donne pas toujours de résultat encourageant pour une solution réussie. Avec cette recherche, il est possible d'établir une typologie du conflit, l'identification des acteurs, les raisons de l'escalade du conflit et, par conséquent, les possibilités de mettre fin au conflit (Kazanský, 2013). Cela signifie assurer un environnement sécuritaire pour la population en général, distribuer de l'aide humanitaire, mais aussi reconstruire l'État et reconstruire la société, ce qui représente un processus plus exigeant et plus durable.

Dans les relations internationales, de nombreux auteurs, avec différentes perspectives, traitent des conflits. Ils définissent le conflit, explorent sa dynamique, son intensité, ses étapes, ses causes pour concevoir ultérieurement des solutions possibles (Ušiak, 2011). Les travaux de ce type sont particulièrement nombreux depuis les trente dernières années du développement du système politique mondial, c'est-à-dire après l'effondrement du monde bipolaire. Pourquoi accorder autant d'attention aux conflits eux-mêmes ? Pourquoi ne pas faire plus d'efforts pour les prévenir ? Quels sont le rôle et la position de la diplomatie préventive ? Ces questions compliquées sont évidemment conformes à la complexité des relations internationales.

Les mesures préventives dans le système politique mondial

La recherche de la paix et de solutions diplomatiques contre la guerre et les conflits est liée au développement des relations internationales qui ne consistent pas seulement en une émanation des luttes pour le pouvoir, des exploitations, des batailles et des conquêtes, mais comprennent également l'affirmation de compétences diplomatiques, des pactes, conventions et accords de paix.

Avant la paix westphalienne, les États dominaient le système mondial (villes étatiques, empires, monarchie, etc.). L'objectif principal des États était de maintenir leur propre sécurité, d'assurer leur survie et de renforcer leur pouvoir et leur statut dans ce système. La sécurité d'un État a ainsi pu être menacée, en particulier par d'autres États, avec la poursuite de leurs propres intérêts. Les États ont alors agi comme des unités distinctes et indépendantes, comme acteurs dans le système international (Gantet, 2003). Il n'y avait pas de droit international supérieur, d'une institution capable de gérer les conflits intra-étatiques ou les conflits entre États. Le seul résultat possible était alors la victoire ou la défaite, ou dans des cas spécifiques, des négociations bilatérales ou multilatérales, entre les parties en conflit.

Voilà pourquoi l'histoire la diplomatie préventive a été associée aux États qui étaient les acteurs dominants pour réaliser leurs propres ambitions et intérêts. Dans une perspective à plus long terme, leur premier objectif était de prévenir les conflits et de remporter la victoire dans le cas d'activités préventives, et non dans le maintien de la paix ou la limitation de la violence. S'il était opportun et efficace d'empêcher les conflits avec d'autres acteurs quand leurs propres intérêts étaient menacés, la volonté de mettre en œuvre des mesures préventives était évidente et conduisait souvent au succès, même si d'autres acteurs étatiques concernés étaient intéressés par des solutions pacifiques et une recherche de stabilité. Si tel n'était pas le cas, le conflit éclatait alors sous une forme violente et sa solution n'était pas diplomatique.

Depuis le XIXe siècle, les modes de résolution des conflits ont évolué, en relation avec l'évolution des relations internationales. La diplomatie commence alors à se construire et, en 1815, le Congrès de Vienne codifie certaines règles et normes. Les relations internationales se développent et se stabilisent (Baigorri-Jalón, 2014). Dans cette évolution, la diplomatie préventive est un sujet important. Ainsi, au congrès de Vienne, toute une série de mesures sont adoptées qui peuvent être considérées comme préventives : par exemple la consultation mutuelle, la question de la neutralité et les zones démilitarisées ou encore les mesures relatives au règlement pacifique des conflits. Ainsi, au XIXe siècle et dans la première moitié du XXe siècle, les tentatives de diplomatie préventive sont dominées par la négociation des puissances visant à limiter ou à résoudre les conflits dans les petits États européens ou par rapport aux intérêts des puissances européennes hors du continent. Ces négociations peuvent être considérées comme des formes de diplomatie préventive collective entre États (plus précisément entre puissances), comme, par exemple, la tentative d'alliance des puissances dans le système d'équilibre politique entre les puissances européennes. Cette mise en relation particulière a limité à trois décennies la liberté de négociation des petits et moyens États, car des puissances avaient décidé du rapport des relations entre les États : la diplomatie du Congrès. Mais même après l'effondrement de ce système, avant la Première Guerre mondiale, la diplomatie préventive collective des puissances est restée réalité dans le cadre des relations internationales (ordre politique d'après-guerre, ou encore tentative de réforme du système d'après-guerre, notamment avec les mesures prises à la veille de la Seconde Guerre mondiale). De semblables tentatives ont été menées après la Seconde Guerre mondiale.

Les tentatives de résolution des conflits au sein des relations internationales sont manifestes au court du premier quart du XXe siècle, alors que le système réagissait aux horreurs de la Première Guerre mondiale. Son impact sur la population civile et les élites politiques a suscité un débat sur les options futures en matière de prévention des conflits et de règlement pacifique des différends entre États. En 1920, le La Société des Nations émerge et sa Charte est intégrée aux Traités de paix de la Conférence de Paris, fournissant un large éventail d'outils de résolution des conflits, avec, en particulier, des missions d'enquête et l'imposition de sanctions. Cependant, la Société de Nations est alors critiquée pour avoir, à plusieurs reprises, failli à son mandat (Gerbet *et al.*, 1996). Il faut rappeler que la Société des Nations n'avait pas d'armée propre et que les États membres ne s'étaient pas engagés à fournir de force militaire pour faire respecter les décisions prises. Néanmoins, certains États ont alors essayé d'améliorer le fonctionnement de la communauté des nations, par exemple avec le Protocole de Genève sur le règlement pacifique des différends internationaux de 1924, Le Pacte Briand-Kellogg de 1928 qui prévoyait l'exclusion de la guerre comme moyen de résolution des conflits internationaux (sauf en cas de légitime défense), ou encore la Conférence de Genève sur le désarmement en 1932-1933. Malgré ces efforts, la logique des siècles précédents a prévalu dans les années 1930 : le conflit.

Le changement de caractère des relations internationales depuis la Seconde Guerre mondiale a amené cinquante pays à signer la Charte et le document fondateur d'une nouvelle organisation : les Nations Unies. L'un des principaux objectifs de l'organisation est la résolution pacifique des conflits entre les membres et le maintien de la paix dans le monde. La structure institutionnelle et la Charte des Nations Unies créent un cadre global pour résoudre les conflits dans les relations internationales. La Charte des Nations Unies codifie les grands principes des relations internationales, depuis l'égalité souveraine des États jusqu'à l'interdiction d'employer la force dans ces relations (Charte des Nations unies, 2018).

Depuis, le nombre d'acteurs du système a augmenté, les outils de résolution des conflits ont changé, les conflits eux-mêmes ne sont plus les mêmes, en principe, normes et règles. Les États sont désormais de différents types, confrontés à des conflits différents qui ont des causes et des développements différents. La position de l'État dans les relations internationales a également changé, alors que de nouveaux acteurs sont apparus.

Malgré ces évolutions, aujourd'hui, ce sont surtout les grands États qui mènent une série d'activités préventives cachées ou apparentes sur la scène internationale, qui ont comme objectif principal la promotion et la protection des intérêts nationaux et non la sécurité et la paix aux niveaux local, régional ou mondial : principalement la protection des intérêts économiques ou politiques. Certains leaders des puissances actuelles considèrent le respect de la souveraineté et la prépondérance des intérêts nationaux comme prioritaires[53].

Une telle diplomatie préventive, guidée par l'intérêt national, peut aujourd'hui être qualifiée de diplomatie préventive traditionnelle et ne pas être nécessairement perçue comme négative. Mais dans le système actuel, l'intérêt national doit-il être poursuivi et primordial dans le cadre de la diplomatie préventive ? Est-ce le rôle de cette diplomatie de nos jours ? Pour certains, si la diplomatie préventive, dans sa forme traditionnelle, empêche l'émergence ou la propagation du conflit, alors l'objectif de prévention a été atteint et cela peut avoir un effet positif sur le système international. Ce que l'on appelle

[53] Cf. Stone, O. *The Putin Interviews*, 2017.

maintenant, au XXIe siècle, la diplomatie préventive est donc d'un nouveau genre, bien différent de l'origine.

La diplomatie préventive, nouveau concept

La diplomatie préventive est souvent liée à l'ONU et à l'activité de ses Secrétaires généraux. La diplomatie préventive actuelle devrait ne pas tenir compte de l'intérêt national des États, en particulier en se fondant sur l'universalité et la dimension mondiale de la nécessaire résolution des problèmes. Cette diplomatie préventive ne résulte pas donc pas de la promotion des intérêts nationaux et son succès ne dépend pas entièrement de la force et de la participation des acteurs étatiques individuels.

L'étude et la mise en œuvre effective de la diplomatie préventive portent sur la manière dont les relations internationales peuvent être organisées dans la mesure où le recours à la violence dans les conflits inter-États et nationaux est considérablement limité. Une autre distinction importante entre la diplomatie préventive actuelle et sa forme traditionnelle est l'accent mis sur l'action collective, en particulier en termes d'implication des différentes organisations internationales et des États, indépendamment de leur taille ou de leur intérêt national.

Il est important, pour comprendre cette évolution vers la conception moderne, de considérer la Conférence de La Haye, la création de la Société des Nations et la création ultérieure des Nations Unies. De la même manière, les 14 points du président W. Wilson peuvent être désignés comme la première charte de la diplomatie préventive moderne.

Plus précisément, l'expression même « diplomatie préventive » est nouvellement utilisée dans le contexte des pratiques préventives de prévention des conflits au cours de la seconde moitié du XXe siècle. L'utilisation de cette expression est alors clairement associée à un nouveau type d'activité diplomatique, lié à un certain changement dans les réflexions des chercheurs, mais aussi des politiciens pendant les années 1960 dans le contexte de développement de la guerre froide.

L'expression « diplomatie préventive » a été mentionnée pour la première fois par le Secrétaire général des Nations Unies, Dag

Hammarskjöld (Rapport du Secrétaire général de l'ONU, 1960). Selon lui, il s'agissait de désigner le travail du Secrétaire général, et en partie du Conseil de sécurité, permettant la médiation, les missions d'établissement des faits, l'appui économique et en particulier les missions de maintien de la paix. La diplomatie préventive ne se limitait en effet pas à une discussion diplomatique sur les problèmes soulevés, mais comportait des activités sur le terrain, y compris la possibilité d'utiliser des mesures militaires de maintien de la paix.

Cette vision de Hammarskjöld est différente de celle de Lund (1996) pour qui l'expression « diplomatie préventive » se réfère aux actions ou aux institutions utilisées pour empêcher que les conflits politiques entre ou au sein des nations ne connaissent une escalade armée. Ces efforts sont nécessaires au moment et aux régions où les relations internationales ou les politiques nationales existantes apparaissent incapables de contrôler les tensions sans qu'il y ait éruption de violence.

Boutros Boutros-Ghali a présenté une autre position dans son « Agenda pour la paix » : d'après lui la diplomatie préventive a pour « *objet d'éviter que des différends ne surgissent entre les parties, d'empêcher qu'un différend existant ne se transforme en conflit ouvert et, si un conflit éclate, de faire en sorte qu'il s'étende le moins possible* » (1992). Boutros Boutros-Ghali développe l'idée de Hammarskjöld : la diplomatie préventive peut être menée par le Secrétaire général, agissant personnellement ou par l'intermédiaire de hauts fonctionnaires ou d'institutions ou programmes spécialisés, par le Conseil de sécurité ou l'Assemblée générale, ou encore par des organisations régionales en coopération avec l'ONU.

Ainsi, avec cette conception officielle des Nations Unies, la diplomatie préventive peut continuer de s'exercer au cœur même d'un conflit ouvert entre des États, y compris lorsqu'il a déjà pris une forme armée. Elle tend alors à le circonscrire, à faciliter le rétablissement de la paix (*peacekeeping*) puis à consolider celle-ci (*peace-making*). Pour autant, il est important de revenir à la position de Lund qui considère que dès que les armes parlent, la diplomatie préventive a échoué, et alors il s'agit d'une crise à gérer. Ainsi, ce n'est alors plus le rôle de la diplomatie préventive d'intervenir, mais bien le rôle d'autres actions diplomatiques (militaire, économique et multilatérale surtout) ce qui confirme la pluralité de la diplomatie.

Quelques années après la création de l'Agence pour la paix, Maurice Bertrand[54] dans la revue *Politique étrangère* publie un texte sur la prévention des conflits en constatant que les concepts « *se chargent souvent de sens que leurs premiers utilisateurs n'avaient pas prévus. Celui de prévention des conflits, aujourd'hui garant de l'ordre établi, est aussi porteur de potentialités révolutionnaires. En fait, il n'y a pas un seul, mais deux concepts très différents de la prévention* » (1997, p. 111). L'auteur présente deux conceptions qui correspondent aux approches de la prévention : celle de la « diplomatie préventive » et celle de « l'action sur les situations préconflictuelles », constatant que le premier sens est le plus répandu, le plus ancien, le plus traditionnel. Le second est plus récent et ceux qui l'utilisent se doivent généralement de l'expliquer en le distinguant du premier. La diplomatie préventive correspond à des actions à court terme, cherchant à exercer une influence sur les acteurs potentiels d'un conflit à la veille de son déclenchement. L'autre conception de la prévention consiste à essayer d'agir non sur des acteurs, mais sur des situations diagnostiquées comme préconflictuelles, autant que possible en temps utile, c'est-à-dire bien avant qu'un conflit soit considéré comme probable. Bertrand développe ces idées en passant en revue des actions préventives positives comme celles qui ont échoué, mises en œuvre par la Société des Nations, l'ONU ou l'Organisation pour la Sécurité et la Coopération en Europe (OSCE).

De ce point de vue, cette vision de la diplomatie préventive est liée à la diplomatie multilatérale, donc la diplomatie préventive est l'apanage des organisations internationales. Il semble que Bertrand s'inscrit dans la logique de Hammarskjöld, mais cette analyse de la diplomatie préventive traditionnelle peut être critiquée, car il faut prendre en compte l'intérêt national des

[54] Conseiller-maître honoraire à la Cour des comptes, ancien membre du Corps commun d'inspection des Nations unies.

États pour lesquels les conflits sont déterminés par la protection de leurs propres intérêts, même pendant la guerre froide. Néanmoins, le dynamisme des changements du système où la diplomatie est réalisée doit être considéré : les approches traditionnelles de la diplomatie préventive ne correspondent plus aux situations contemporaines.

Le concept de la diplomatie préventive s'est donc beaucoup développé depuis la fin de la guerre froide, notamment grâce à trois facteurs : la présence de l'opinion publique, le développement des structures multilatérales et de la diplomatie institutionnelle, et, enfin, l'évolution de la même perception des conflits.

Diplomatie préventive versus prévention des conflits

Les changements du système politique mondial ont influencé l'évolution du droit international et l'établissement de règles plus claires pour empêcher l'utilisation de la force et arrêter les agressions. Ainsi, la guerre dans le droit international actuel a cessé d'être de la compétence exclusive des États souverains, et elle est interdite, d'après la Charte de l'ONU, article 2, alinéa 4 : « *les Membres de l'Organisation s'abstiennent, dans leurs relations internationales, de recourir à la menace ou à l'emploi de la force, soit contre l'intégrité territoriale ou l'indépendance politique de tout État, soit de toute autre manière incompatible avec les buts des Nations Unies* » (Charte des Nations unies, 2018).

La vulgarisation du principe de non-violence par la recherche universitaire, notamment, a fait évoluer les stratégies militaires et a orienté la recherche sur la paix, sur les solutions alternatives aux conflits. La diplomatie préventive en tant que concept pendant la guerre froide n'a pas été popularisée, entre autres, peut-être à cause des craintes que des États tiers soient impliqués dans les relations entre les superpuissances. Dans le même temps, la prévention des conflits et des crises a dominé les programmes nationaux des deux superpuissances, dans un contexte de crainte de toute confrontation nucléaire.

À la fin du XXe siècle, le concept de diplomatie préventive a également été abordé et traité par diverses ONG, formées sous les auspices d'organisations internationales ou d'États eux-mêmes, proposant une redéfinition de la diplomatie traditionnelle et mettant davantage l'accent sur la prévention grâce à de nouveaux acteurs, outils et stratégies. Dans le même temps, il est clair que le concept traditionnel de diplomatie préventive n'est pas complètement abandonné, il se développe parallèlement à la diplomatie multilatérale, même s'il met l'accent sur les actions collectives.

Cependant, au début de ce millénaire, à plusieurs reprises, une différence fondamentale dans l'approche de résolution des conflits actuels et potentiels a été mise en évidence. Il ne s'agit pas seulement de prendre en compte la logique moralisatrice, mais aussi de considérer le niveau pratique de l'avantage à trouver avec la résolution des conflits potentiels avant le déclenchement de leur phase violente. Par conséquent, la prévention est devenue un concept tout à fait réaliste (Waisova, 2005). Actuellement, les perspectives de règlement des conflits et de réduction de la violence sont encore très grandes. En matière de prévention, il s'agit d'une stratégie proactive menée par un certain nombre d'acteurs, permettant de créer un environnement de sécurité stable et mieux prévisible.

Ainsi, nous pouvons considérer la diplomatie préventive comme une activité spéciale ou une méthode pour s'intéresser à un conflit à un moment où il ne s'intensifie pas. De plus, il s'agit, au niveau symbolique, d'une certaine forme de résolution des conflits et donc d'une nouvelle vision des principes de la communauté internationale. Sur cette base, la diplomatie préventive peut être définie comme l'utilisation de méthodes purement diplomatiques pour prévenir les conflits violents potentiels déjà signalés à la communauté internationale. Cette délimitation est validée par une citation de la Charte de l'ONU, chapitre VI, alinéa 33 : « *les parties à tout différend dont la prolongation est susceptible de menacer le maintien de la paix et de la sécurité internationales doivent en rechercher la solution, avant tout, par voie de négociation, d'enquête, de médiation, de conciliation, d'arbitrage, de règlement judiciaire, de recours aux organismes ou accords régionaux, ou par d'autres moyens pacifiques de leur choix.* »

Le concept de prévention des conflits ou de prévention de la violence peut être délimité différemment. La prévention des conflits n'est pas un secteur politique spécifique ni une méthode simple d'intervention. La « prévention des conflits » peut, en suivant Lund (2002), consister en une « prévention culturelle », bureaucratique et politique impliquant différents domaines et organisations : diplomatie, développement économique, démocratie, droits de l'homme, relations militaires, environnement, éducation, santé, agriculture, des activités commerciales. Les tensions et les différends nationaux et internationaux n'entrent donc pas dans une logique de violence et avec l'utilisation des forces armées.

Le concept de diplomatie préventive est alors trop étroit pour inclure toutes les dimensions, activités et moyens d'éviter les conflits. Le concept d'origine ne peut pas répondre aux exigences actuelles, car la prévention comprend des approches spécifiques en matière de politique étrangère, d'intervention, d'aide au développement, de création et d'application de nouvelles normes internationales.

Bertrand constate qu'» *il est certain que pour définir un système efficace de prévention au plan mondial, il faudrait d'abord qu'existe une véritable discipline scientifique sur les conflits, leurs causes et les méthodes d'action sur ces dernières* » (1997, p. 117). Aujourd'hui, 20 ans après cette constatation, cette discipline existe-t-elle ? Avec l'évolution du système politique mondial, les changements d'acteurs et des relations, la globalisation et la mondialisation progressive de la planète, il faudrait que l'opinion publique et les gouvernements des grandes puissances et des pays développés en général, partagent une philosophie commune de l'évolution des sociétés. Un consensus sur un certain nombre de principes moraux et sur les méthodes peut permettre d'en assurer le respect[55]. Il faudrait aussi que les

[55] Ce n'est malheureusement pas le cas, même dans un domaine vital : par exemple, l'Accord de Paris sur le climat, est entré en vigueur le 4 novembre

institutions mondiales et le droit international puissent être modernisés et adaptés aux besoins du monde.

Les conflits accompagnent l'évolution de la société humaine, ce sont bien des conflits qui ont fait évoluer le système politique mondial. Les conflits, les guerres ont permis de construire, de consolider le système pour pouvoir apprendre de nouvelles méthodes, formes de communications, comportements. Il faut se rendre compte que toutes les nations et tous les États du monde ne sont pas encore au même stade sur ces considérations : il est donc certain que des conflits accompagneront encore la société humaine dans le futur. Alors, certains États devraient développer une rhétorique exemplaire.

Références

Baigorri-Jalón, J., 2014, « Deux siècles d'interprétation diplomatique : de la diplomatie formelle a la diplomatie de terrain », *Chronique de l'ONU*, vol. LI, n° 3, sur <https://unchronicle.un.org/fr/article/deux-si-cles-d-interpr-tation-diplomatique-de-la-diplomatie-formelle-la-diplomatie-de>.

Belissa, M., 2005, « Diplomatie et relations 'internationales' au 18e siècle : un renouveau historiographique ? » *Dix-Huitième Siècle*, 37, pp. 31-47, sur <https://www.persee.fr/doc/dhs_0070-6760_2005_num_37_1_2654>.

Bertrand, M., 1997, « Vers une stratégie de prévention des conflits ? » *Politique étrangère*, 1, pp. 111-123, sur <https://www.persee.fr/doc/polit_0032-342x_1997_num_62_1_4616>.

Boutros-Ghali, B., 1993, *Agenda pour la paix*, sur <https://www.google.com/url ?sa=t&rct=j&q=&esrc=s&source=web&cd=3&ved=2ahUKEwiWs-XqiZrdAhUGfFAKHepuB_gQFjACegQICBAC&url=http %3A %2F %2Fwww.un.org %2Ffr %2Fsc %2Frepertoire %2F89-92 %2FCHAPTER %25208 %2FGENERAL %2520ISSUES %2Fitem %252029_Agenda %2520for %2520peace_.pdf&usg=AOvVaw1-RDm3fU2SelWOeQwPUXUW>.

2016, moins d'un an après son adoption. Son objectif est de renforcer la réponse globale à la menace de changement climatique, dans un contexte de développement durable et de lutte contre la pauvreté. En novembre 2017, 196 pays et l'Union européenne l'ont signé. Pour autant, le président Donald Trump a annoncé le 1er juin 2017 que les États-Unis se retiraient de l'accord. La logique de l'intérêt national prévaut donc toujours…

ONU, 2018, *Charte des Nations unies*, sur <http://www.un.org/fr/charter-united-nations/>.

Contamine, P. (dir.), 1998, *Guerre et concurrence entre les États européens du 14e au 18e siècle*, Paris, PUF.

ONU, *Diplomatie préventive aux Nations Unies*, 2018, sur <https://unchronicle.un.org/fr/article/la-diplomatie-pr-ventive-aux-nations-unies>.

Gantet, C., 2003, *Guerre, paix et la construction des États, 1618-1714. Nouvelle histoire des relations internationales 2*, Paris, Seuil.

Gerbet, P. *et al.*, 1996, *Le rêve d'un ordre mondial : de la SDN à l'ONU*, Paris, Imprimerie nationale.

Gura, R., & Rouet, G., (dir.), 2018, *Diplomaties plurielles, acteurs et enjeux,* Paris, L'Harmattan.

Haysom, N., 2015, *Diplomatie et médiation*, sur <http://www.un.org/undpa/fr/diplomacy-mediation>.

Holsti, K. J., 1991, *Peace and War, Armed Conflicts and International Order*, Cambridge, Cambridge University Press.

Lund, M., 1996, *Preventing Violent Conflicts: A Strategy for Preventive Diplomacy*, Washington, DC, United States, Institute of Peace Press.

Lund, M., 2002, « Preventing Violent Inrtastate Conflicts: Learging Lessons from Experience », In van Tongeren, P., van de Veen, H., Verhoeven, J., (dir.), *Searching von Peace in Europe and Eurasia. An Overview of Conflict Prevention and Peacebuilding Activities*, Boulder, Lynne Rienner Publishers, pp. 99-122.

Kazanský, R., 2013, *Súčasné problémy výskumu medzinárodných konfliktov a kríz a ich riešenia*, Banská Bystrica, UMB- Belianum.

ONU, 1960, *Rapport du Secrétaire général de l'ONU*, sur <https://daccess-ods.un.org/TMP/1844383.47816467.html>.

Ušiak, J., 2011, « Theortical definition of Security from the perpective of Non-Military Aspect », *Research of non-military aspect of security*, Banská Bystrica, FPVaMV.

Waisová, Š., 2005, *Řešení konfliktu v mezinárodních vztazích,* Praha, Portál.

Radovan Gura *est maître de conférences habilité en relations internationales, Université Matej Bel de Banská Bystrica, Slovaquie et enseigne également à l'École supérieure des relations internationales et publiques, Prague. Il est directeur de l'Institut universitaire franco-slovaque.*

Table des matières

Collection Local & Global
Dirigée par Gilles Rouet & François Soulages

Autres titres de la collection

R. Gura & G. Rouet (dir.), *Diplomatie plurielle : acteurs et enjeux,*
Dominique Berthet, *Pratiques artistiques contemporaines en Martinique.*
François Soulages (dir.), *Géoartistique & Géopolitique, Frontières*
Isabelle Moindrot & Sangkyu Shin (dir.), *Transhumanités*
I. Saleh, N.Bouhaï & H. Hachour (dir.), *Les frontières numériques*
François Soulages (dir.), *Biennales d'art-contemporain & frontières*
Eric Bonnet (dir.), *Frontières & œuvres, corps & territoires*
François Damon, *L'art contemporain au Viêt-Nam*
Éric Bonnet & François Soulages (dir.), *Frontières & artistes, en Méditerranée*
François Soulages (dir.), *Mondialisation & frontières. Arts, cultures & politiques 1*
É. Bonnet & F. Soulages (dir.), *Lieux & mondes. Arts, cultures & politiques 2*
M. Rinn & N. Narváez Bruneau (dir.), *L'Afrique en discours. Lieux communs, stéréotypes, crise*
Francis Massé, *Aux frontières du management*
Benoît Blanchard, *La dynamique des Frontières. Biennales d'art contemporain*
H. Hachour, N. Bouhaï & I. Saleh (dir.), *Frontières numériques & savoir*
H. Hachour, N. Bouhaï & I. Saleh (dir.), *Frontières numériques & artefacts*
Pierre San Ginès, *Frontières, Réalités & Imaginaires*
Joseph Jehl, *Des frontières invisibles. Voyage au centre de la règle de droit*
Sylvie Lemasson, *Histoire de frontières. La République des deux nations*
Eric Bonnet (dir.), *Biennales d'art contemporain. Œuvres & frontières*

Publié avec le concours de
RETINA International
Recherches Esthétiques & Théorétiques sur les Images Nouvelles & Anciennes
IEE
FRONTIÈRES Groupe de Recherche by RETINA.International

RELATIONS INTERNATIONALES AUX ÉDITIONS L'HARMATTAN

Dernières parutions

QUELLE FRANCOPHONIE EN GUYANE ?
Edmond Jouve
Préface de Rodolphe Alexandre, président de l'Assemblée de Guyane. Retranscription par Jean-Yves Brunerie et Marie-Claude Citeau. Avec la participation de la Région Guyane.
Les XIIe Rencontres Internationales Francophones de la Ville de Gourdon, dont les échanges sont retranscrits dans ce livre, soulignent l'originalité que confère à la Région Guyane sa position unique de terre française en Amérique du Sud. Ce contexte global polyphone oblige la langue française à soutenir dans cette partie du continent le combat de la spécificité et de la diversité culturelle.
(268 p., 30 euros)
ISBN : 978-2-343-15375-9, EAN EBOOK : 9782140112614

LE G5 SAHEL. LE NOUVEAU RÉGIONALISME SÉCURITAIRE EN AFRIQUE DU NORD-OUEST
Ayrton Aubry
Préface de Frédéric Ramel
Le cadre régional de coopération entre la Mauritanie, le Mali, le Burkina Faso, le Niger et le Tchad se présente comme une solution innovante aux problématiques sahéliennes, liant la sécurité et le développement. Or, les menaces identifiées au Sahel ont plutôt suivi un processus désormais classique de « sécuritisation », dont les États sahéliens en sont les auteurs. Ce qui est original en revanche est sa dimension collective. Cette caractéristique permet d'identifier un « concert de puissances » dans le Sahel, dans lequel le G5 Sahel s'inscrit, avec l'extraversion comme mode de fonctionnement et le maintien des régimes comme finalité.
(Coll. Études africaines, 182 p., 19 euros)
ISBN : 978-2-343-16025-2, EAN EBOOK : 9782140112386

LA CHINE, MIROIR DE NOS PASSIONS
Radiographie de la sinophilie et de la sinophobie
Claude Geoffroy
L'Europe, en particulier la France, a de tout temps entretenu avec la Chine une relation passionnelle alternant des moments d'engouements et des accès d'hostilité. Au gré d'une confrontation des écrits produits sur la Chine à diverses époques (Lettres des jésuites arrivés en Chine au XVIIe siècle, articles des philosophes des Lumières, littérature maoïste, ouvrages représentatifs actuels) se dessinent certaines inclinations, tantôt révélatrices des passions d'une époque, tantôt symptomatiques de penchants plus profonds.
(Coll. Questions contemporaines, 150 p., 16,5 euros)
ISBN : 978-2-343-16674-2, EAN EBOOK : 9782140111662

GISEMENTS TRANSFRONTALIERS DE PÉTROLE DANS LE GOLFE DE GUINÉE

Principe du droit international pour une exploitation pacifique

Zoulica M. Rane

Préface de Marie-Thérèse Chantal Mfoula - Postface de Giacomo Luciani

Des guerres sanglantes ont été déclenchées dans l'histoire contemporaine pour le contrôle des gisements pétroliers. Dans un contexte régional africain marqué par la persistance des différends frontaliers liés à l'appropriation des espaces maritimes riches en hydrocarbures, le présent ouvrage s'interroge sur les règles proposées par le droit international pour une exploitation pacifique et durable des ressources traversant les délimitations maritimes des États côtiers du golfe de Guinée.

(Coll. Harmattan Cameroun, 164 p., 17,5 euros)

ISBN : 978-2-343-16529-5, EAN EBOOK : 9782140111334

LA RÉCONCILIATION APRÈS UN CONFLIT VIOLENT

La situation des Hema et des Lendu dans l'Ituri en RDC

Augustin Wiliwoli Sibiloni

Préface de Hervé Pourtois

Comment penser le traitement du conflit entre les Hema et les Lendu dans l'Ituri en RDC ? Conflit qui aurait déjà occasionné plus de 60 000 morts et au moins 50 000 déplacés, sans compter les blessés, et qui continue de causer des désolations jusqu'à ce jour. L'intervention armée ne saurait suffire à garantir la paix entre les protagonistes. Il convient de percevoir l'importance du dialogue reconstructif, du don cérémoniel mutuel et de l'acte contractuel dans un tel processus.

(Coll. L'Afrique des Grands Lacs, 210 p., 21,5 euros)

ISBN : 978-2-343-15404-6, EAN EBOOK : 9782140107948

LE BASCULEMENT GÉOPOLITIQUE DE L'AFRIQUE DES GRANDS LACS

Décennie 1990

Alain Flavien N'Kisi

Préface de Tanguy de Wilde d'Estamel

Les événements de la décennie 1990 au Burundi, au Rwanda et en République Démocratique du Congo ont entraîné le bouleversement de la géopolitique au sein de l'Afrique des Grands Lacs. La déstabilisation actuelle de l'Est de la RDC a pour origine le génocide rwandais de 1994. À travers cet ouvrage, l'auteur analyse les axes principaux du bouleversement de l'Afrique des Grands Lacs.

(Coll. Afrique des Grands Lacs, 166 p., 18 euros)

ISBN : 978-2-343-16040-5, EAN EBOOK : 9782140106316

L'ONU ET LA RÉSOLUTION DU CONFLIT AU SAHARA OCCIDENTAL DE 1975 À NOS JOURS

Enjeux et perspectives

Marie-Chantal Gatta

Depuis le départ des Espagnols du Sahara occidental en 1976, la population de cette ancienne colonie lutte pour que soit appliqué le droit à l'autodétermination qui lui a été reconnu par les instances internationales. Vingt-quatre ans après l'instauration du cessez-le-feu en 1991, l'ONU n'est toujours pas parvenue à dégager une solution acceptable pour l'ensemble des acteurs de ce conflit. L'exécution du plan de paix est aujourd'hui gelée. Les considérations politiques ont continuellement eu la priorité sur le droit international et la doctrine onusienne relative à la décolonisation et à l'autodétermination.

(Coll. Harmattan Côte-d'Ivoire, 234 p., 25 euros)

ISBN : 978-2-343-16050-4, EAN EBOOK : 9782140103926

UN INTELLECTUEL AFRICAIN EN MARCHE

50 ans de réflexions en relations internationales

Berhane Cahsai

Ce recueil de documents reproduits en fac-similé s'intéresse à la géopolitique et aux relations internationales de l'Afrique et, plus largement, du contient africain avec l'Europe en particulier, et le monde occidental en général. Il regroupe les observations d'un Africain qui a quitté le pays en 1966 pour faire ses études de droit dans la capitale européenne, Bruxelles. Avant de quitter sa terre natale, le jeune étudiant est venu en Europe avec une seule idée en tête : comprendre les raisons de la différence du niveau de vie entre les Européens et leurs compatriotes

(244 p., 29 euros)

ISBN : 978-2-343-15919-5, EAN EBOOK : 9782140103629

REGARDS LIBANAIS SUR LA TURBULENCE DU MONDE

Kosovo, 11 septembre, Afghanistan, Irak

Rayan Haddad

Préface de Bertrand Badie

Comment des crises exogènes (Kosovo, 11-Septembre, Afghanistan, Irak) s'insèrent-elles dans le débat d'une société libanaise elle-même traversée par de nombreuses lignes de fracture ? Comment se transforment-elles en ressource politique pour des acteurs libanais en situation concurrentielle ? L'auteur entreprend de déterminer les effets que produisent des crises qui surgissent dans l'espace mondial sur la société libanaise en temps de paix ou, plus exactement, dans le contexte local de sortie de guerre. Il cherche ainsi à circonvenir les situations dans lesquelles le global prime sur le local et celles dans lesquelles c'est l'inverse qui est constaté.

(Coll. Comprendre le Moyen-Orient, 504 p., 34 euros)

ISBN : 978-2-343-15357-5, EAN EBOOK : 9782140100826

DIPLOMATIE PLURIELLE : ACTEURS ET ENJEUX

Sous la direction de Radovan Gura et Gilles Rouet

De nouveaux acteurs, en particulier non étatiques, sont apparus dans les relations internationales et ont développé des activités diplomatiques d'un genre nouveau, avec une diversité d'enjeux. Pour la diplomatie régalienne, il faut désormais négocier dans un contexte informationnel nouveau, composer avec d'autres acteurs et investir d'autres champs, dans le cadre d'une diplomatie globale, mais dont la fragmentation rend plus difficile la mise en cohérence. Comment cette diplomatie plurielle fonctionne-t-elle, comment les différents acteurs interagissent-ils ?

(Coll. Local et Global, 212 p., 21,5 euros)

ISBN : 978-2-343-15809-9, EAN EBOOK : 9782140100376

G5 SAHEL, UNE INITIATIVE RÉGIONALE POUR UNE NOUVELLE ARCHITECTURE DE PAIX

Sous la direction de Peer De Jong - Préface de Maman Sambo Sidikou (Secrétaire permanent du G5 Sahel)

Sur fond de pauvreté et d'absence de développement économique, le terrorisme islamiste et le crime organisé transfrontalier ont connu un véritable essor dans la partie sahélienne de l'Afrique, immense région aujourd'hui zone d'insécurité permanente. En 2014, plusieurs chefs d'Etats africains décident d'agir collectivement en créant une organisation, le G5 Sahel, chargée de coordonner les politiques internationales de développement et de sécurité régionale. Cet ouvrage reprend les principales interventions d'un colloque dédié à ces problématiques et les complète.

(Coll. Stratégies africaines de sécurité, 214 p., 22 euros)

ISBN : 978-2-343-15030-7, EAN EBOOK : 9782140093883

STRATÉGIES REBELLES ET AIDE INTERNATIONALE DANS L'AFRIQUE DES GRANDS LACS
1981-2013

Agathe Plauchut

Préface de Scott Straus - Avant-propos de Jean-Charles Jauffret

Les mouvements d'inspiration rebelles en Afrique (de la rébellion de type maoïste en 1981 en Ouganda à celle du M23 en 2013 en RDC) ont expérimenté de nouvelles tactiques. Les civils de plus en plus pris pour cibles permettent d'obtenir toujours plus de dividendes politiques et économiques de la guerre. Concentration de réfugiés, déplacement forcés des populations, viol comme arme de guerre et recrutement d'enfants, autant de tactiques qui ont permis de mettre en place des filières lucratives de ressources naturelles et l'accession à des postes de pouvoir.

(Coll. Mondes en mouvement, 304 p., 31 euros)

ISBN : 978-2-343-13919-7, EAN EBOOK : 9782140091421

CONJONCTURES DE L'AFRIQUE CENTRALE 2018

An Ansoms, Aymar Nyenyezi Bisoka, S. Vandeginste

Cet ouvrage offre une sélection de textes scientifiques en lien avec l'actualité politique, économique et sociale en Afrique centrale (Burundi, République démocratique du Congo, Rwanda, Ouganda).

(Coll. Cahiers Africains, 370 p., 37,5 euros)

ISBN : 978-2-343-14682-9, EAN EBOOK : 9782140088599

GÉNOCIDE DES TUTSI, L'IMPOSTURE
Alain Juppé et le Rwanda (1993-1994)

Jean-Pierre Cosse

Préface de Martin Verlet

Le génocide perpétré contre les Tutsi au Rwanda en 1994 est aussi une page de l'histoire politique et militaire de la France. Depuis 1994, Alain Juppé évite les questions gênantes, nie la réalité des faits et se contente de reprendre sa fable truffée d'erreurs, de contre-vérités et d'inventions. Maintenir comme le fait Monsieur Juppé un bouclier de désinformation, c'est mépriser l'immense travail de vérité des témoins et des chercheurs. En dénonçant l'imposture et en (r)établissant les faits, ce livre a pour objet de rendre hommage à la mémoire des victimes.

(200 p., 18 euros)

ISBN : 978-2-343-13395-9, EAN EBOOK : 9782140054365

Structures éditoriales du groupe L'Harmattan

L'Harmattan Italie
Via degli Artisti, 15
10124 Torino
harmattan.italia@gmail.com

L'Harmattan Hongrie
Kossuth l. u. 14-16.
1053 Budapest
harmattan@harmattan.hu

L'Harmattan Sénégal
10 VDN en face Mermoz
BP 45034 Dakar-Fann
senharmattan@gmail.com

L'Harmattan Cameroun
TSINGA/FECAFOOT
BP 11486 Yaoundé
inkoukam@gmail.com

L'Harmattan Burkina Faso
Achille Somé – tengnule@hotmail.fr

L'Harmattan Guinée
Almamya, rue KA 028 OKB Agency
BP 3470 Conakry
harmattanguinee@yahoo.fr

L'Harmattan RDC
185, avenue Nyangwe
Commune de Lingwala – Kinshasa
matangilamusadila@yahoo.fr

L'Harmattan Congo
67, boulevard Denis-Sassou-N'Guesso
BP 2874 Brazzaville
harmattan.congo@yahoo.fr

L'Harmattan Mali
Sirakoro-Meguetana V31
Bamako
syllaka@yahoo.fr

L'Harmattan Togo
Djidjole – Lomé
Maison Amela
face EPP BATOME
ddamela@aol.com

L'Harmattan Côte d'Ivoire
Résidence Karl – Cité des Arts
Abidjan-Cocody
03 BP 1588 Abidjan
espace_harmattan.ci@hotmail.fr

L'Harmattan Algérie
22, rue Moulay-Mohamed
31000 Oran
info2@harmattan-algerie.com

L'Harmattan Maroc
5, rue Ferrane-Kouicha, Talaâ-Elkbira
Chrableyine, Fès-Médine
30000 Fès
harmattan.maroc@gmail.com

Nos librairies en France

Librairie internationale
16, rue des Écoles – 75005 Paris
librairie.internationale@harmattan.fr
01 40 46 79 11
www.librairieharmattan.com

Lib. sciences humaines & histoire
21, rue des Écoles – 75005 Paris
librairie.sh@harmattan.fr
01 46 34 13 71
www.librairieharmattansh.com

Librairie l'Espace Harmattan
21 bis, rue des Écoles – 75005 Paris
librairie.espace@harmattan.fr
01 43 29 49 42

Lib. Méditerranée & Moyen-Orient
7, rue des Carmes – 75005 Paris
librairie.mediterranee@harmattan.fr
01 43 29 71 15

Librairie Le Lucernaire
53, rue Notre-Dame-des-Champs – 75006 Paris
librairie@lucernaire.fr
01 42 22 67 13

www.ingramcontent.com/pod-product-compliance
Lightning Source LLC
LaVergne TN
LVHW011032061026
849535LV00006B/2068
* 9 7 8 2 3 4 3 1 7 4 7 3 0 *